20 x Sport für 90 Minuten

Vicki und Christian Reinschmidt

Sportstunden fix und fertig vorbereitet

Klasse 1/2

Verlag an der Ruhr

Impressum

Titel
20 x Sport für 90 Minuten – Klasse 1/2
Sportstunden fix und fertig vorbereitet

Autor*innen
Vicki und Christian Reinschmidt

Titelbildmotive
Turnendes Mädchen: © iStock.com/FatCamera;
Uhr-Icon, Notizzettel: © Verlag an der Ruhr

Illustrationen
Norbert Höveler

Druck
Heenemann GmbH & Co. KG, Berlin, DE

Verlag an der Ruhr
Mülheim an der Ruhr
www.verlagruhr.de

Geeignet für die Klassen 1–2

ISBN 978-3-8346-3772-7

Inhaltsverzeichnis

Vorwort

Den Schulalltag sitzend zu verbringen, ist für Grundschüler* eine enorme Umstellung im Vergleich zur „bewegten" Kindergartenzeit. Während die Kinder im Kindergarten viel in Bewegung sind, reduziert sich der Bewegungsanteil mit dem Schuleintritt deutlich. Unter diesen Gesichtspunkten ist es besonders wichtig, dass der Sportunterricht in der Grundschule „Bewegungszeit pur" ist.

Mit dem vorliegenden Buch „20 x Sport für 90 Minuten – Klasse 1/2" bekommen Sie eine kompakte Zusammenstellung von 20 Stundenbildern, die Sie – ob fachfremd oder nicht – sofort in der Praxis umsetzen können.

Bei Doppelstunden mit einer Gesamtzeit von 90 Minuten sind wir von einer Netto-Stundenzeit von ca. 75 Minuten ausgegangen (abgezogen wurden die Wegzeiten zur Sporthalle und die Umkleidezeiten).

Bitte beachten Sie, dass Sie den Einsatz von Großgeräten gut vorbereiten. Die Schüler müssen den Auf- und Abbau von Turnmatten, Kästen oder Langbänken unter Ihrer fachkundigen Aufsicht üben, bevor sie selbstständig auf- und abbauen dürfen. Natürlich gibt es auch Tricks: Bei Turnmatten, die nur halb so viel wiegen wie die Standardmatten lohnt sich eine Investition für Grundschulen auf jeden Fall. Wir haben bei den Stundenbildern darauf geachtet, dass Sie die Auf- und Abbauten mit einer Grundschulklasse auch wirklich durchführen können und nicht auf fremde Hilfe angewiesen sind.

Im vorliegenden Buch wollen wir Ihnen möglichst vielseitige Stundenideen aus allen Inhaltsbereichen präsentieren, damit Sie lehrplankonform unterrichten können.

Unser Leitgedanke war dabei, dass die Kinder in den Sportstunden Spaß und Abwechslung haben.
Wenn die Grundschüler mit großer Vorfreude in Ihren Sportunterricht kommen, dann haben Sie beste Voraussetzungen für Lernerfolge bei den gestellten Bewegungsaufgaben. Vielleicht ermuntern Sie die Kinder sogar dazu, sich auch in ihrer Freizeit sportlich zu betätigen.
Denn: Eine bewegte und sportliche Kindheit tut nicht nur Körper, Geist und Seele gut, sondern ist eine optimale Grundlage dafür, dass sich Bewegung auch im Erwachsenen-Alltag etabliert.

Vicki und Christian Reinschmidt

---

* Aus Gründen der besseren Lesbarkeit haben wir in diesem Buch durchgehend die männliche Form verwendet. Natürlich sind damit auch immer Frauen und Mädchen gemeint, also Lehrerinnen, Schülerinnen etc.

Tipps für Ihren Sportunterricht

1. Eine gute Vorbereitung als Basis für eine erfolgreiche Sportstunde

Da Sie im Sportunterricht mit Grundschülern immer wieder Überraschungen erleben werden, auf die Sie sich nicht vorbereiten können, sollten Sie die inhaltliche Gestaltung möglichst optimal vorbereiten: Planen Sie den Stundenablauf genau, überlegen Sie, welche Materialien Sie benötigen und wie Sie die Einteilungen der Paare/Gruppen/Mannschaften möglichst reibungslos gestalten. Bei der praktischen Umsetzung hat sich gezeigt, dass es sinnvoll ist, wenn Sie sich ein paar Notizen machen und die wichtigsten Informationen zum Stundenablauf „in der Hosentasche" haben.

2. Schon beim Aufwärmen vielfältig schulen

Um die ersten Minuten der Sportstunde „doppelt" zu nutzen, schauen Sie beim Aufwärmen darauf, dass Sie neben der Aktivierung des Herz-Kreislaufsystems gleichzeitig die koordinativen Fähigkeiten schulen. Während der Laufbewegung können z. B. verschiedene Laufvariationen (Hopserlauf, Anfersen, Side-Steps oder Rückwärtslauf) und Armaktivitäten (einarmige oder beidarmige Schwünge vorwärts und rückwärts) durchgeführt werden. Der Einsatz von Bällen, Reifen oder Seilen fordert und fördert schon in der Aufwärmarbeit ein komplexes Zusammenspiel der einzelnen Muskelgruppen. Spielerische Angebote, die vielseitig aktivieren und gleichzeitig Spaß machen, eignen sich geradezu ideal für einen motivierenden Stundeneinstieg.

3. Differenzierungen fördern alle Kinder

Differenzierungen im Sportunterricht können sehr weitreichend sein. In einem kurzen Tipp dargestellt, beachten Sie bitte Folgendes: Versuchen Sie bei Ihren Aufgabenstellungen im Sportunterricht für leistungsstärkere und leistungsschwächere Schüler jeweils Alternativen anzubieten. Wenn die angebotene Übung eine zu geringe Anforderung darstellt oder zu anspruchsvoll ist, bieten Sie variationsreiche Formen an, damit jedes Kind so optimal wie möglich gefördert wird. Allerdings können Sie nicht bei allen Bewegungsangeboten Differenzierungen anbieten – das Differenzieren hat auch seine Grenzen.

4. Vielfältiges Üben fördert den „Bewegungsschatz" der Kinder

Durch vielfältige koordinative Herausforderungen im Sportunterricht entwickeln die Kinder ihre Motorik weiter. Achten Sie darauf, dass Sie regelmäßig koordinative Beanspruchungen in Ihre Sportstunde einbauen, damit die Kinder (durch eine verbesserte neuronale Vernetzung im Gehirn) einen „Bewegungsschatz" eintrainieren, von dem sie lebenslang profitieren. Neben der vielfältigen Bewegung ist natürlich auch die regelmäßige Wiederholung ein Erfolgsfaktor für eine breite koordinative Entwicklung. Praktische Beispiele für die Schulung der koordinativen Fähigkeiten sind:

- Einbeinstand und Balancieren (Gleichgewichtsfähigkeit)
- Bälle über unterschiedliche Distanzen werfen (Differenzierungsfähigkeit)
- Hampelmann mit verschiedenen Variationen (Kopplungsfähigkeit)
- Fang- oder Ballspiele (Orientierungsfähigkeit)
- Bewegung zu Musik, Laufrhythmus an der Reifenbahn (Rhythmisierungsfähigkeit)
- Schnelles Loslaufen nach optischen oder akustischen Zeichen (Reaktionsfähigkeit)
- Schnelles Reagieren bei abgefälschten Bällen (Umstellungsfähigkeit)

5. Auf die richtige Reihenfolge kommt es an!

Nach dem „Prinzip der richtigen Belastungsfolge“ sollten Sie bestimmte Fähigkeiten direkt nach dem Aufwärmen, gleich zu Beginn des Hauptteils trainieren. Zu diesen Fähigkeiten, die Sie im ermüdungsfreien Zustand schulen sollen, gehören die Schnelligkeit und die Koordination. Da für eine Verbesserung der Schnelligkeit eine maximale Intensität (100 %) notwendig ist, sollten die Grundschüler bei Schnelligkeitsformen gut vorbereitet, aber nicht erschöpft sein. Auch beim Einüben von Bewegungsabläufen sollten die koordinativen Fähigkeiten im ausgeruhten, aber konzentrierten Zustand geschult werden.
Bei Kräftigungsübungen und Ausdauerschulungen müssen die Kinder nicht ermüdungsfrei sein. Somit können Sie diese beiden Fähigkeiten recht gut im zweiten Teil des Hauptteils schulen. Achten Sie bei unterschiedlichen Spiel- und Übungsformen auf die richtige Reihenfolge im Hauptteil, damit die Anpassungen bei den Grundschülern so optimal wie möglich sind.

6. Ein motivierender Schluss bleibt lange im Gedächtnis

Die Praxiserfahrungen im Sportunterricht zeigen, dass der Schlussteil der Sportstunde eine große Bedeutung für die Motivation der Kinder hat.
Wenn die letzten Minuten spielerisch und freudbetont verlaufen, dann unterhalten sich die Grundschüler danach positiv über diesen Abschluss der Stunde. Je motivierter die Sportstunde beendet wird, desto mehr freuen sich die Kinder auf die nächste Übungseinheit und dies sind optimale Voraussetzungen für eine hohe Leistungsbereitschaft.

1. Eine runde Sache – der Reifen!

Darum geht's Geschicklichkeit und Bewegungskünste mit dem Gymnastikreifen

Kompetenzerwartung Die Kinder sollen Bewegungserfahrungen mit dem Gymnastikreifen sammeln, ihre koordinativen Fähigkeiten verstärkt ausprägen und Bewegungskünste mit dem Reifen erfinden und ausprobieren.

Material pro Kind 1 Gymnastikreifen, 1 Handballtor oder 2 Markierungshütchen

⚠ ***Sicherheitshinweise:*** *Bitte achten Sie bei den Bewegungsangeboten darauf, dass die Kinder ausreichend Platz zum Üben haben und sie sich nicht behindern. Unterbinden Sie gleich zu Beginn der Stunde das Werfen der Reifen!*

Einstieg (10 Minuten)

Beim **Aufwärmspiel „Pferderennen"** sind Sie als Motivator und Kommentator gefordert. Alle Kinder bilden gemeinsam mit Ihnen einen Kreis. Sie erklären, dass heute ein Pferderennen stattfindet und die Kinder Pferde imitieren sollen. Es geht mit langsamem Trab zur Startlinie. Dabei laufen die Kinder am Ort und klatschen sich gleichzeitig selbst auf die Oberschenkel. Nach dem Start wird das Lauftempo erhöht (Laufen auf der Stelle und klatschen auf die Oberschenkel). Durch viele Varianten wird das Pferderennen interessant und für die Kinder abwechslungsreich. Dabei ist es wichtig, dass Sie die Ansagen selbst mitmachen und durch Ihr Vorbild motivierend auf die Kinder wirken.

Folgende Kommandos haben sich in der praktischen Umsetzung des Pferderennens bewährt:

- Hindernisse überspringen ➔ Alle springen hoch.
- Rechts- oder Linkskurve ➔ Alle Kinder legen sich nach rechts oder links in die Kurve.
- Tribüne ➔ Alle Kinder winken.
- Endspurt ➔ Alle Kinder laufen möglichst schnell auf der Stelle.
- Pause ➔ Die Kinder dürfen sich ausruhen.

Fragen Sie die Kinder nach dem ersten Durchgang, ob sie weitere Ideen haben und bauen Sie die neuen Kommandos der Kinder in den zweiten Durchgang ein.

1. Eine runde Sache – der Reifen!

Hauptteil (55 Minuten)

Teil 1

Im ersten Teil des Hauptteils **„Reifen-Kunststücke"** holt sich jedes Kind zunächst einen Gymnastikreifen. Sie erklären die erste Aufgabe: Jedes Kind darf sich ein Kunststück mit seinem Reifen überlegen und einüben. Die Kinder verteilen sich in der gesamten Sporthalle. Sie beobachten die Übenden 4 bis 5 Minuten lang und suchen sich drei Kunststücke aus, die das jeweilige Kind vormachen darf. Alle anderen Kinder versuchen, die Bewegungsform nachzumachen. In der zweiten Phase gehen drei oder vier Kinder in einer Gruppe zusammen und überlegen sich ein Gruppenkunststück oder eine Gruppenchoreografie mit höchstens vier Elementen. Dieses Kunststück bzw. diese Choreografie soll nicht allzu lange gehen und sollte 2-mal in Folge – möglichst ohne Fehler – vorgeführt werden können. Nach einer gewissen Übungsphase präsentieren alle Gruppen ihre Ergebnisse. Wer hat die kreativsten Ideen? Wer kann die ausgefallensten Kunststücke vorzeigen?

Teil 2

Nach dieser kreativen Phase bringen Sie alle Kinder mit dem **Laufspiel „Finde das richtige Reifenhaus"** wieder in Schwung und schulen gleichzeitig die Reaktionsfähigkeit auf ein akustisches Zeichen. Zunächst legen die Kinder alle Reifen (mindestens drei verschiedene Reifenfarben) auf den Boden der Sporthalle. Dabei sollten Sie darauf achten, dass möglichst die ganze Halle ausgenutzt wird (dies ergibt längere Laufstrecken für die Kinder). Das Spiel beginnt und alle Kinder laufen kreuz und quer um die am Boden liegenden Reifen herum. Wenn Sie eine Farbe rufen, dann müssen die Kinder möglichst schnell die Reifenfarbe suchen und sich in den genannten Reifen stellen. Natürlich dürfen dabei auch mehrere Kinder in einem Reifen stehen. Sie führen mehrere Durchgänge durch und können dann auch mal ein auserwähltes Kind das Kommando rufen lassen – das bringt Abwechslung.

1. Eine runde Sache – der Reifen!

Teil 3

Nach dieser Spielform fördern Sie im nächsten Abschnitt des Hauptteils die koordinativen Fähigkeiten der Kinder. Die Kinder bilden einen großen Kreis. Unter dem Aspekt **„Reifen-Kunststücke für Akrobaten"** darf bei einer Stunde mit dem Reifen **„Hula-Hoop"** nicht fehlen.
Nur wenige Erst- und Zweitklässler werden es auf Anhieb beherrschen, aber vielleicht geben Sie mit diesem Kunststück einen Impuls für ein Üben zu Hause. Auf jeden Fall soll jedes Kind einmal probieren, den Reifen um die Hüfte kreisen zu lassen.

Bei der folgenden **Spielform „Welcher Reifen dreht am längsten?"** üben die Kinder, ihren Reifen so geschickt mit der Hand anzudrehen, dass er möglichst lange weiterdreht. Alle Kinder bilden weiterhin einen großen Kreis und halten den Reifen (mit Bodenkontakt) vor sich. Nach Ihrem Kommando („3, 2, 1 andrehen!") drehen die Kinder ihren eigenen Reifen einmal an und treten zwei Schritte zurück. Jetzt darf nicht mehr eingriffen werden. Nach und nach hören die Reifen auf, zu drehen und Sie müssen ganz genau hinschauen und hinhören, welcher Reifen die letzte Drehung macht. Natürlich gibt es mehrere Revanche-Durchgänge.

Die **Folgeübung** ist das **„Rein- und Rausspringen in den drehenden Reifen"**. Alle Kinder drehen dabei zunächst ihren Reifen an und versuchen, wenn die Drehungen des Reifens nicht mehr so hoch sind, in den Reifen zu springen und wieder herauszuspringen, bis der Reifen bewegungslos am Boden liegt. Ein Bewegungskunststück, das Freude macht.

Für das **letzte Kunststück** der Reifen-Akrobaten werden Paare gebildet, die sich in einer Gassenaufstellung 4 bis 5 Meter auseinander gegenüber aufstellen. Zunächst rollen die Kinder einen Reifen hin und her. Nach einer kurzen Übungsphase wird zeitgleich von jedem Kind ein Reifen zugerollt – also sind zwei Reifen im Spiel. Welches Paar findet eine erfolgreiche Lösung für diese Übungsform?

Teil 4

Eine **Übungsreihe zur Verbesserung der Laufkoordination** bildet den Abschluss des Hauptteils. Sie legen acht Reifen hintereinander auf den Boden. Wenn Ihnen eine ausreichende Anzahl an Reifen zur Verfügung steht, dann bilden Sie drei oder vier Reifenbahnen, damit die Kinder möglichst kurze Pausen und eine hohe Bewegungszeit haben.

Folgende Aufgabenstellungen werden jeweils 2-mal durchgeführt:

- In jeden Reifen mit einem Fußkontakt laufen (rechts/links im Wechsel).
- In den ersten Reifen mit dem rechten Fuß, in den zweiten Reifen mit dem linken Fuß und in den dritten Reifen mit beiden Füßen landen. Danach wieder mit rechts beginnen, mit links weitermachen …
- In den ersten Reifen mit rechts, in den zweiten Reifen auch mit rechts, dann in den dritten Reifen mit links und den vierten Reifen auch mit links. Dann geht es wieder von vorne los.
- In den ersten Reifen mit links, in den zweiten Reifen mit links, in den dritten Reifen mit rechts, dann wieder links, links, rechts, links, links.

1. Eine runde Sache – der Reifen!

Abschluss (10 Minuten)

Das **Abschlussspiel „3, 2, 1 – rollen!"** ist ein interessanter Mannschaftsvergleich. Sie bilden zwei oder drei gleich große Gruppen. Jede Gruppe erhält eine eigene Reifenfarbe. Alle Kinder stellen sich an der Mittellinie der Sporthalle auf und rollen nach Ihrem Kommando den eigenen Reifen in Richtung Tor (Handballtor oder zwei Markierungshütchen). Alle Kinder müssen stehen bleiben und den eigenen Reifen beobachten.
Nach jedem Durchgang werden die Reifen eingesammelt und es geht wieder gemeinsam an der Mittellinie los.
Die Mannschaft, die nach fünf Durchgängen die meisten Reifen ins Ziel rollen konnte, hat gewonnen.
Die Reifen rollen kreuz und quer durch die Halle und nicht immer gewinnen die geschicktesten „Roller", sondern die glücklicheren Mitspieler. Ein ruhiger, aber emotionaler Stundenausklang.

Tipp für fachfremd unterrichtende Lehrkräfte

Machen Sie mit Ihren Schülern ein eindeutiges Zeichen für ein sofortiges Anhalten der Reifen aus (ein Pfiff o. Ä.). Die Erfahrungen in der praktischen Umsetzung zeigten, dass die Kinder durch den hohen Aufforderungscharakter des Reifens zum intensiven Bewegen ermuntert werden! Da kann es schon mal etwas lebhaft zugehen und Ihr eindeutiges STOPP-Zeichen hilft, Gefahren zu minimieren.

2. Zeitungen – nicht nur zum Lesen!

Darum geht's Bewegungsspaß und Körperwahrnehmung mit einem Alltagsmaterial

Kompetenzerwartung Die Zeitung im Sportunterricht ermöglicht sowohl eine Schulung der koordinativen Fähigkeiten als auch eine Verbesserung der Ausdauer.

Material pro Kind mindestens 1 Doppelseite einer Tageszeitung (Ersatzzeitungen bereithalten), 2 bis 3 Langbänke, 3 kleine Kästen, 4 Markierungshütchen

***Sicherheitshinweise:** Bitte beachten Sie, dass die Zeitung einen hohen Aufforderungscharakter hat. Die Kinder sollen nicht immer mit höchstem Tempo durch die Sporthalle laufen, da es sonst zu gefährlichen Situationen und Zusammenstößen kommen kann.*

Einstieg (10 Minuten)

Mit dem **Atomspiel** als **Aufwärmspiel** können Sie sowohl das Herz-Kreislaufsystem der Kinder aktivieren als auch die Reaktionsschnelligkeit verbessern. Alle Kinder laufen in einem markierten Feld kreuz und quer durcheinander. Sie rufen eine Zahl zwischen zwei und der maximalen Anzahl der Schüler. Die Kinder müssen sich schnellstmöglich in einer Gruppe zusammenschließen, die der gerufenen Zahl entspricht. Danach laufen alle Kinder wieder kreuz und quer durcheinander, bis Sie die nächste Zahl rufen. Je nach Anzahl der Schüler und der jeweils gerufenen Zahl finden manche Kinder keine Gruppe. Falls die Motivation der Kinder hoch ist, brauchen Sie für diese Kinder keine Zusatzaufgabe, sondern starten nach Auflösung der Gruppen erneut das Spiel.

2. Zeitungen – nicht nur zum Lesen!

Hauptteil (55 Minuten)

Teil 1

Teilen Sie den Kindern zunächst eine Doppelseite einer Tageszeitung aus. Bei der ersten **Herausforderung „Wer kann …"** werden sowohl die Kreativität als auch die koordinativen Fähigkeiten gefordert: Wer kann die Zeitung transportieren, ohne die Hände zu benutzen? Die Kinder werden recht schnell bemerken, dass die Zeitung bei einem zügigen Lauftempo fast ganz von alleine am Bauch „kleben" bleibt. Die praktische Umsetzung zeigte, dass sich manche Kinder die Zeitung auf den Kopf legen und andere die Beine nutzen, um die Zeitung zu transportieren. Lassen Sie die Kinder verschiedene Varianten vormachen und anschließend ausprobieren.

Bei der nächsten **Spielidee „Flatterlauf"** können sich die Kinder richtig austoben. Die Zeitung wird beidhändig wie ein flatterndes Kopftuch hinter den Kopf gehalten. Die Kinder laufen los und je schneller sie sich bewegen, desto mehr flattert die Zeitung. Geben Sie zwischendurch eine Verschnaufpause, damit sich die Kinder wieder etwas erholen können und beim nächsten Durchgang des „Flatterlaufs" wieder mit Tempo loslaufen können.

Teil 2

Nach dieser intensiven Laufbelastung geht es zunächst etwas ruhiger weiter. Die Doppelseiten der Zeitungen werden ausgebreitet auf den Boden eines gekennzeichneten Feldes gelegt. In der **Spielidee „Achtung, nicht berühren!"** gehen die Kinder kreuz und quer um die Zeitungen und erholen sich dabei von der höheren Belastung. Sie müssen allerdings beachten, dass sie die Zeitungen nicht berühren (siehe Skizze unten) . Wenn alle Kinder wieder etwas zu Atem gekommen sind, dann geht es in einem ganz leichten Ausdauertempo wieder los. Durch das Umlaufen der Zeitungen mit etwas höherem Tempo kann schon mal die eine oder andere Zeitung ihre Position verändern. Dies sollen die Kinder beobachten, damit sie weiterhin keine Zeitung berühren. Damit etwas Abwechslung in die Spielidee kommt, kündigen Sie regelmäßig neue Fortbewegungsarten an. So werden die Zeitungen mal im Ballenlauf, im Fersengang oder im Hopserlauf umlaufen. Der Vierfüßler-Gang, der Kniehebelauf oder das Laufen mit unterschiedlichen Armbewegungen (einarmig, beidarmig, vorwärts, rückwärts) variieren das Umlaufen der ausgebreiteten Zeitungen und bringen Freude in die Sportstunde.

2. Zeitungen – nicht nur zum Lesen!

Teil 3

Die ausgebreiteten Zeitungen werden (je nach Größe) 1- bis 2-mal für das „**Zeitungsspringen**" gefaltet und jeder Schüler stellt sich zu einem Exemplar. Die Kinder sollen mit verschiedenen Sprungvarianten über die Zeitung springen. Sie können es ein- oder beidbeinig tun, sie können über die Quer- oder Längsseite springen oder sie können auch Sprungkombinationen durchführen. Im Mittelpunkt dieser spielerischen Übungsform steht das Ausprobieren verschiedener Absprung- und Landemöglichkeiten.

Teil 4

Jedes Kind nimmt in der sich anschließenden Spielidee eine Zeitung und formt daraus einen Papierball. Die „Bälle" werden danach bei Ihnen abgegeben, denn für das **Spiel „Heißer Ball"** brauchen Sie nur drei Bälle. Alle Kinder laufen kreuz und quer durch die Halle. Drei Kinder erhalten jeweils einen Ball. Diese Kinder müssen den Ball so schnell wie möglich an andere Kinder weitergeben, denn der Ball ist „heiß". Alle Kinder bemühen sich, dem Ballträger entgegenzukommen, damit die drei Bälle ganz schnell im Umlauf durch die gesamte Gruppe sind.

Nach dieser Aktivierung geht es beim „**Zielwerfen**" wieder etwas ruhiger zu. Es werden drei Gruppen gebildet und jedes Team versucht, in einen 3 bis 5 Meter entfernten kleinen Kasten zu treffen. Alle Kinder werfen gleichzeitig und Sie kontrollieren nach jedem Durchgang die Trefferzahl. Wer nach fünf Durchgängen die meisten Treffer erzielen konnte, hat gewonnen. Natürlich gibt es mindestens einen Revanche-Durchgang.

Teil 5

Die **Spielidee „Haltet das Feld frei"** soll den Hauptteil mit dem Hilfsmittel Zeitung beenden. Sie bilden zwei Mannschaften und teilen den jeweiligen Teams eine Hallenhälfte zu. Nach Ihrem Startkommando werfen alle Kinder ihren Zeitungsball in die andere Spielhälfte (die Mittellinie kann durch zwei bis drei Langbänke markiert werden). Für ca. 40 bis 60 Sekunden fliegen die Bälle hin und her. Sie bestimmen den definitiven Schlusspunkt des Spiels mit einem lauten Pfiff (der Schlusspfiff muss unberechenbar bleiben – mal ertönt der Pfiff früher, mal später). Danach darf kein Zeitungsball mehr geworfen werden. Es gibt mehrere Durchgänge, bis ein Team drei Spielrunden gewonnen hat. Im Anschluss werden die Zeitungsbälle aufgeräumt.

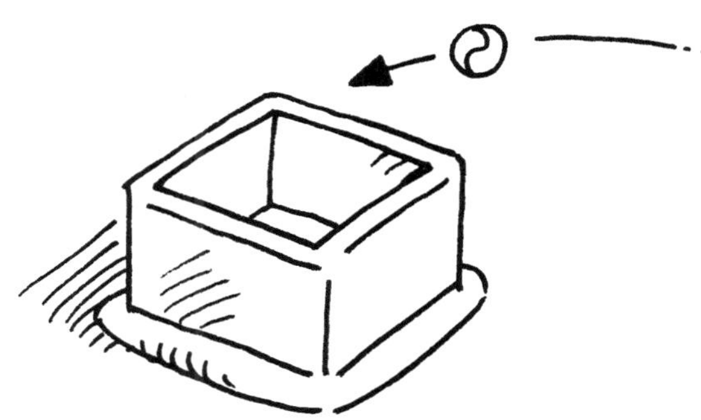

2. Zeitungen – nicht nur zum Lesen!

Abschluss (10 Minuten)

Die Kinder gehen paarweise zusammen und legen sich in der Bauchlage nebeneinander auf den Boden. Die Paare verteilen sich im gesamten Spielfeld (z. B. Basketballfeld), damit zwischen den Paaren ausreichend Platz zum Laufen ist. Bei der **Spielidee „Wechseljagd"** versucht der Fänger, den Gejagten abzuschlagen. Der Gejagte kann sich allerdings direkt neben ein Paar legen, um nicht mehr abgeschlagen zu werden. Da nun drei Kinder nebeneinanderliegen, muss das Kind auf der Außenseite aufstehen und als neuer Fänger den ehemaligen Fänger jagen. Auch dieser Gejagte wird sich wohl ziemlich schnell einen Platz neben einem Paar auf dem Boden suchen, damit er nicht abgeschlagen wird und schon ändern sich die Aufgaben (Fänger und Gejagter) wieder. Das aufstehende Kind ist immer der neue Fänger.

Tipp für fachfremd unterrichtende Lehrkräfte

Lassen Sie den Kindern zu Beginn der Stunde ein paar Minuten Zeit, um die eigene Zeitungsdoppelseite lesen zu können. Dadurch gibt es später keine unnötigen Unterbrechungen, wenn von anderen Kindern auf den Inhalt aufmerksam gemacht wird, denn der ist ja bekannt!

3. Balla, Balla

Darum geht's Ballgewöhnungsübungen und Verbesserung des Ballgefühls

Kompetenzerwartung Die Kinder schulen die koordinativen Fähigkeiten, die beim Ballgefühl von vorrangiger Bedeutung sind (z. B. Differenzierungs-, Kopplungs- und Rhythmisierungsfähigkeit).

Material pro Kind 1 Gymnastikball (oder Softball), 1 Musikgerät und Musik, 3 bis 4 Langbänke

⚠ ***Sicherheitshinweise:*** *Bitte achten Sie darauf, dass keine Bälle am Boden liegen, denn diese Bälle stellen immer (z. B. beim Rückwärtslaufen oder unter Zeitdruck) eine große Verletzungsgefahr dar.*

Einstieg (10 Minuten)

Mit einem **Musikstopp-Spiel** werden die Kinder in den ersten 10 Minuten aktiviert. Wenn die Musik (möglichst Lauf-Musik) läuft, dann laufen alle Schüler kreuz und quer durch die Halle. Nach 1 bis 2 Minuten stoppen Sie die Musik und zeigen eine gymnastische Übung (zum Beispiel 20 beidarmige Schwünge vorwärts und danach 20 beidarmige Schwünge rückwärts). Danach läuft wieder Musik und die Kinder aktivieren sich. Wiederholen Sie diesen Wechsel von Laufphase und Gymnastikübung (in der Laufpause) mehrfach und bereiten Sie somit die Schüler auf den Hauptteil vor. Vorschläge für die Gymnastik: Kniehebelauf am Ort, Hampelmann, einarmige Schwünge oder Anfersen am Ort.

Hauptteil (50 Minuten)

Teil 1

Im ersten Teil des Hauptteils geht es um **„Rollvariationen"**. Hierzu gehen die Schüler paarweise zusammen und die gesamte Gruppe formiert sich in einer Gassenaufstellung. Die beiden Partner sind 3 bis 5 Meter auseinander und ein Partner hat einen Gymnastikball in der Hand. Bei der ersten Übung sitzen beide Partner mit gestreckten, auseinandergespreizten Beinen und rollen sich den Ball zu. Sie geben unterschiedliche Möglichkeiten vor (langsames oder schnelles Rollen; mit der rechten Hand, mit der linken Hand, beidhändig u.v.m.).

Die gleichen Rollvariationen werden im Stehen durchgeführt.

Nach diesen ersten Ballgewöhnungsübungen schließen sich Wurfvariationen in der Gassenaufstellung an. Zunächst wird mit Bodenpass zugeworfen und dann direkt. Achten Sie darauf, dass möglichst viele **Wurfvariationen** zum Einsatz kommen (einhändig, beidhändig). Dabei wird die Ausgangposition des Werfens immer wieder verändert (beidhändig von unten – Kniehöhe; beidhändig von der Hinterkopf-Position; einhändiger Schlagwurf rechts und links), damit die Kinder ihr Ballgefühl schulen und Wurferfahrungen sammeln können.

3. Balla, Balla

Teil 2

Nach diesen ersten Ballübungen mit dem Partner folgen nun **Ballübungen an der Wand**. Geben Sie dazu jedem Kind einen Ball. Die Kinder stellen sich 3 bis 5 Meter von einer Hallenwand entfernt auf. Da jetzt jedes Kind einen Ball hat, gibt es viele Wurf- und Fangwiederholungen. Zunächst wird der Ball direkt gegen die Wand geworfen und der zurückkommende Ball springt einmal auf dem Boden auf und wird dann gefangen.

Bei der nächsten Übungsform wird der Ball indirekt an die Wand geworfen. Der gezielte Wurf auf den Boden geht an die Wand und soll danach gefangen werden. Dabei kann auch der Abstand zur Wand variieren. Die dritte Übung an der Wand heißt **„Kunststückübung"**. Wer kann beim Wurf des Balles gegen die Wand ein kleines Kunststück einbauen oder eine besondere Wurfart kreieren? Sie schauen sich die Ideen an und stellen das ein oder andere Kunststück vor, das alle Kinder nachmachen sollen.

Teil 3

Das **Spiel „Tigerball"** bringt nach den Einzelübungen wieder Schwung in die Ballsportstunde. Dabei bilden fünf oder sechs Kinder einen Kreis und werfen sich einen Ball zu. Zwei Kinder befinden sich in der Kreismitte und versuchen, den Ball abzufangen. Wer einen Ball abfängt, darf die Mitte verlassen und das Kind, das geworfen hat, muss in die Mitte.

Teil 4

Nach diesem temporeichen Spiel geht es mit der **Übungsidee „Ballprellen"** wieder ruhiger zu. Jeder Schüler bekommt einen Gymnastikball. Die Gruppe stellt sich in einem großen Kreis auf und alle prellen den Ball am Ort. Bieten Sie abwechslungsreiche Ideen für das Prellen an (hohes, tiefes, schnelles oder langsames Prellen, mal mit der rechten und mal mit der linken Hand). In der Kreisaufstellung können Sie nun zu weiteren **Kunststücken mit dem Ball** motivieren:

- Wer kann den Ball im Sitzen hochwerfen und im Stehen wieder auffangen?
- Wer kann den Ball hochwerfen, ihn 3-mal aufspringen lassen und dann fangen?
- Wer kann den Ball hochwerfen, sich um 360° drehen und den Ball wieder auffangen?
- Kann die Gruppe Ihren vorgeprellten Ball-Rhythmus nachprellen?
- Klappt das auch mit etwas anspruchsvolleren Rhythmen?
- Können die Kinder eigene Kunststücke vormachen?

3. Balla, Balla

Abschluss (15 Minuten)

Mit der **Spielidee „Haltet das Feld frei"** können Sie die Ballstunde abwechslungsreich beenden. Dabei teilen Sie die Schüler in zwei Mannschaften ein und ordnen jedem Team eine Hallenhälfte zu. In der Mitte der Sporthalle stellen Sie drei bis vier Langbänke so aneinander auf die Mittellinie, dass sie direkten Kontakt zueinander haben. Jeweils an den beiden äußeren Bankenden lassen Sie zwischen Bank und Wand ca. 2 bis 4 Meter frei. Jedes Kind hat einen Gymnastikball. Die Teams dürfen die Gymnastikbälle nur durch die rechte Lücke rollen (jeweils mit dem Blick auf die Bänke). Somit rollen durch die eine Lücke (links) die Bälle ins Feld und durch die andere Lücke (rechts) wieder hinaus aus dem eigenen Feld. Nach Ihrem Startsignal rollen (auf keinen Fall werfen!) die Kinder möglichst schnell die Gymnastikbälle durch die vorgesehene Lücke auf die andere Seite. Nach 1 bis 2 Minuten beenden Sie das Spiel und zählen die Bälle in den beiden Hallenhälften. Die Mannschaft mit der geringeren Anzahl an Bällen auf seiner Seite gewinnt einen Punkt. Danach werden die Bälle wieder verteilt und es geht mit dem nächsten Durchgang weiter. Wenn ein Team fünf Punkte gewonnen hat, ist das Spiel beendet.

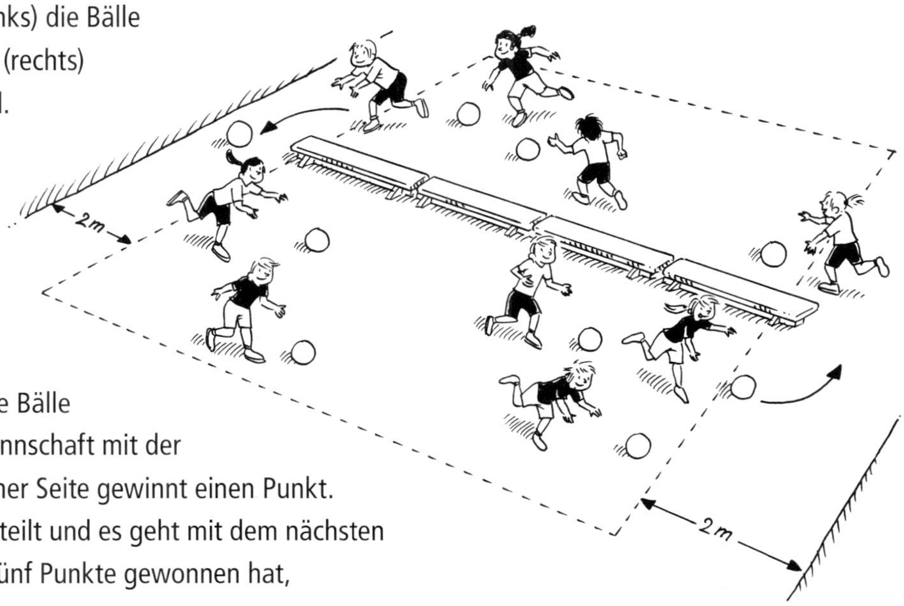

Tipp für fachfremd unterrichtende Lehrkräfte

Viele Erstklässler sind im Umgang mit dem Ball noch unerfahren. Wiederholen Sie die einfachen Ballübungen (mit unterschiedlichen Übungen und Spielen) immer wieder, damit die Kinder durch viele Übungswiederholungen einen großen Erfahrungsschatz mit dem Handgerät Ball entwickeln können.

4. Fit mit dem Seil

Darum geht's Koordinations- und Konditionsschulung mit dem Handgerät Seil

Kompetenzerwartung Die Kinder schulen ihre Kopplungs- und Differenzierungsfähigkeit, verbessern die Sprungkraft und können gleichzeitig Bewegungserfahrungen mit dem Seil sammeln und vertiefen.

Material pro Kind 1 Seil, 1 Tamburin, 4 Markierungshütchen

⚠ ***Sicherheitshinweise:*** *In der 1. und 2. Klasse haben viele Schüler oft wenig Bewegungserfahrungen mit dem Seil. Die Kinder sollten aus diesem Grund bei den Übungen einen ausreichend großen Abstand zueinander halten.*

Einstieg (10 Minuten)

Die Kinder gehen paarweise zusammen und Sie erklären zum Aufwärmen die **spielerische Idee „Schattenlauf"**. Dabei laufen die beiden Kinder hintereinander. Das hintere Kind imitiert die Bewegungen des vorne laufenden Kindes (Schatten!). Sie ermuntern die Kinder dazu, die gesamte Sporthalle auszunutzen, damit das Herz-Kreislaufsystem ausreichend aktiviert wird. Nach 2 Minuten gibt es einen Positionswechsel und das hintere Kind darf jetzt nach vorne, um die Bewegungen und Richtungen vorzugeben.
Nach weiteren 2 Minuten gibt es eine kurze Pause. Sie informieren die Kinder, dass es ab jetzt während des Laufens **Zusatzaufgaben** gibt und sich bei jeder Zusatzaufgabe die Führungsperson ändert. Die Kinder laufen wieder hintereinander los und nach einer halben Minute rufen Sie beispielsweise:

- Die Arme müssen immer in Bewegung sein!
- Lauft im Hopserlauf!
- Lauft im Seitgalopp!
- Lauft im Kniehebelauf!
- Lasst den rechten/linken Arm die ganze Zeit mitschwingen!

Hauptteil (55 Minuten)

Teil 1

Sie händigen jedem Kind ein Seil aus. Danach sollen sich die Kinder mit dem Seil frei bewegen. Sie machen keine Vorgaben, jeder Schüler darf selbst entscheiden, welche Bewegungsform er ausprobieren möchte. Sie beobachten die selbsttätigen Kinder ganz genau. Nach dieser **Erprobungsphase mit dem Seil** stellen sich die Kinder in einem Halbkreis auf. Achten Sie darauf, dass die Kinder ausreichend Platz zur Seite haben. Die ersten beiden Übungen sind Bewegungsformen, die Sie während der Erprobungsphase entdeckt haben. Die beiden „auserwählten" Kinder dürfen die Übung kurz vormachen und alle anderen Kinder machen die gezeigte Seilübung nach.

Nun testen die Kinder verschiedene **Schwungformen** aus. Dazu nehmen die Kinder das Seil doppelt (also halbe Seillänge) und schwingen das Seil mit einer Hand links und rechts am Körper vorbei. Die gleiche Übung wird auch mit der anderen Hand und beidhändig durchgeführt. Wenn die Kinder den Bewegungsablauf des Seilschwingens kennengelernt haben, geben Sie einen Schwungrhythmus vor und die Kinder versuchen, sich Ihrem Rhythmus anzupassen.

4. Fit mit dem Seil

Nach den Schwungformen geht es mit **Sprungformen** weiter. Jedes Kind probiert das Seilspringen mit dem nach vorne geschwungen Seil aus. Wie viele Zwischenhüpfer gemacht werden, ist frei gegeben, da es zunächst nur darauf ankommt, dass überhaupt ein Sprung über das Seil erfolgreich ist. Bei dieser Übung können Sie gut differenzieren.
Einige Schüler üben, überhaupt über das selbst geschwungene Seil zu springen, und andere versuchen, 5- bis 10-mal in Folge mit einem (oder zwei) Zwischenhüpfer(n) durch das Seil zu springen.
Bevor die Sprungmotivation nachlässt, versuchen die Kinder nun, das Seil nach hinten zu schwingen und Seilspringen mit dem rückwärtsschwingenden Seil zu probieren. Eine koordinativ anspruchsvolle Übung, die die motorische Variabilität der Kinder fördert.

Eine weitere Herausforderung ist das **Seilspringen während das Gehens oder Laufens**. Die Kinder sollen es über eine kurze Distanz (Sporthalle quer) ausprobieren und Bewegungserfahrungen mit dem Seil sammeln. Nicht alles muss sofort klappen, schon das Ausprobieren und Lösungenfinden ist eine gute Schulung.

Teil 2

Das **„Pferdchen-Spiel"** ist eine motivierende Abwechslung im Hauptteil. Jedes Paar erhält ein Seil. Die beiden Kinder stehen hintereinander, das vordere Kind bekommt das Seil um die Hüfte und das hintere Kind hält die beiden Seilenden fest. Das Seil ist angespannt, damit es nicht herunterfällt. Sie geben mit dem Tamburin einen Laufrhythmus vor und das Pferdchen (1. Kind) und der Reiter (2. Kind) laufen in diesem Rhythmus kreuz und quer durch die Halle. Durch einen variationsreichen Tempowechsel können Sie selbst die Belastung der Kinder steuern und damit der bisherigen Stundenbelastung Rechnung tragen.

Teil 3

Beim **Fangspiel „Seil erhaschen"** wird es wieder deutlich aktiver für die Kinder. Sie bestimmen zunächst vier Fänger, die kein Seil erhalten. Alle anderen Kinder bekommen ein Seil, vierteln dieses Seil und stecken es sich so hinten in den Hosenbund, dass mindestens 20 bis 30 Zentimeter herausschauen. In einem begrenzten Spielfeld versuchen die vier Fänger, ein Seil zu erhaschen. Wer ein Seil bei einem anderen Kind herausziehen kann, geht kurz in die Wechselzone, steckt sich das gerade erworbene Seil in den Hosenbund und geht dann wieder ins Spielfeld zurück. Nach ein paar Minuten unterbrechen Sie das Spiel und geben den Kindern eine Bewegungspause. Dann geht es in die zweite Runde und die Kinder dürfen wieder ihr Seil verteidigen bzw. ein Seil erobern. Sie entscheiden selbst, ob es weitere Durchgänge gibt.

4. Fit mit dem Seil

Teil 4

Für die letzte **Übungsidee „Langes Seil"** müssen Sie mehrere Seile zu einem langen Seil aneinanderknüpfen. Am jeweiligen Seilende steht ein Kind, damit das lange Seil geschwungen werden kann. Die beiden seilschwingenden Kinder versuchen, einen gleichmäßigen Rhythmus zu schwingen, damit sich die anderen Kinder darauf einstellen können. Am besten ist es, wenn Sie diesen gleichmäßigen Schwungrhythmus einmal vormachen. Die Kinder beobachten zunächst das lange Seil und versuchen, beim schwingenden Seil so durchzulaufen, dass sie vom Seil nicht berührt werden. Genaue Beobachtung, hohe Konzentration und richtiger Zeitpunkt beim Loslaufen sind die drei entscheidenden Kriterien für einen gelungenen Versuch. Ermutigen Sie auch die unsicheren Kinder und unterstützen Sie sie mit einem Startzeichen zum Loslaufen. Koordinativ geschickte Erst- und Zweitklässler können auch in die Seilmitte laufen, dort drei Seilsprünge machen und danach wieder aus dem Seil herauslaufen. Dies macht auch in 2er- oder 3er-Teams großen Spaß, wenn die koordinativen Voraussetzungen gegeben sind.

Abschluss (10 Minuten)

Nach diesem sehr aktiven Hauptteil bietet sich ein ruhiger Schlussteil zum **Balancieren** an, damit sich die Kinder etwas erholen können. Die Kinder gehen paarweise zusammen. Geben Sie jedem Paar ein Seil. Das Seil wird kurvenreich auf den Boden gelegt und ein Kind balanciert darüber. Wenn das balancierende Kind eine kleine Unterstützung braucht, dann darf das zweite Kind ihm die Hand geben. Nachdem das Kind 4-mal über das Seil gelaufen ist, wechseln die Aufgaben der beiden Partner. Wenn das balancierende Kind möchte, kann es auch für kurze Zeit die Augen schließen, aber nur, wenn der Partner ihm die Hand gibt. Diese Variation ist nur bei Schulklassen zu empfehlen, die verantwortungsvoll miteinander umgehen.

Tipp für fachfremd unterrichtende Lehrkräfte

In der Schuleingangsphase gibt es noch viele Kinder, die kaum Erfahrungen mit dem Springseil haben. Aus diesem Grund gelingt das Seilspringen oft nicht. Lassen Sie sich deshalb nicht entmutigen, sondern sehen Sie den Sportunterricht als Chance, das richtige Seilspringen zu üben und geben Sie den Kindern auch diese Übungszeit. Nach einer gewissen Zeit werden die Kinder auch Erfolgserlebnisse haben.

5. Flink wie ein Wiesel

Darum geht's Spielerische Geschicklichkeitsschulung, Koordinations- und Kraftschulung

Kompetenzerwartung Die Kinder sollen schnell und geschickt über Hindernisse laufen und zielgerichtet auf ein bewegliches Ziel werfen.

Material Wählen Sie die Geräte bitte immer passend zum Leistungsstand der Kinder aus: 1 Langbank, 3 kleine Kästen, 6 kleine Matten, 1 Fahrradreifen, 15–20 Markierungshütchen, Softbälle im halben Klassensatz, 1 Stift, 1 Blatt mit Klemmbrett, 1 Stoppuhr, Parteibänder in 2 Farben, Kopiervorlage „1, 2, 3-Lauf" (S. 24), pro Kind 1 Würfel, 1 Schlüsselbund oder 1 Reisdöschen

⚠ ***Sicherheitshinweise:** Neben allen Gerätschaften des Parcours müssen ausreichend viele Turnmatten gelegt werden, damit die Kinder im Falle eines Abrutschens von den Geräten auf den weichen Matten aufkommen.*

Einstieg (10 Minuten)

Die Kinder bekommen für das **Spiel „1, 2, 3-Lauf"** von Ihnen einen Würfel und die Kopiervorlage (S. 24). Die Kinder würfeln und führen dann über eine abgesteckte Runde die zugewiesene Übung durch. Insgesamt sollen die Kinder 6-mal würfeln, also sechs Runden laufen. Die Übungen können von einem Kind allein, mit einem Partner oder in einer Kleingruppe durchgeführt werden. Es bietet sich an, dass Partner oder Kleingruppen in einer Reihe hintereinander laufen, während die Übungen durchgeführt werden. Achten Sie darauf, dass sich die Kinder bei der Partner- oder Gruppenarbeit abwechseln, sodass jedes Kind mindestens einmal die Laufbewegung durch Würfeln bestimmen kann.

Hauptteil (55 Minuten)

Teil 1

Im ersten Teil des Hauptteils bereiten Sie das Wettspiel „Flink wie ein Wiesel" durch **Ballgewöhnungsübungen** vor. Für diese Übungsreihe stellen sich die Kinder in einer Gasse jeweils einem Partner gegenüber auf. Mit einer Übungsdauer von jeweils 3 bis 5 Minuten führen die Kinder Übungen zur Verbesserung der Ballsicherheit und des Ballgefühls durch.

1. **Übung:** Die Partner setzen sich im Abstand von 2 bis 3 Metern auf den Boden und rollen sich den Ball im Sitzen zu.
2. **Übung:** Die Partner rollen sich im Abstand von 2 bis 3 Metern im Stehen den Ball zu.
3. **Übung:** Die Partner werfen sich im Abstand von 2 bis 3 Metern im Stehen den Ball zu.
4. **Übung:** Die Partner stellen sich im Abstand von 2 bis 3 Metern einander gegenüber auf. Die Partner sprechen sich ab, wer den Ball wirft und wer den Ball rollt. Sind die Aufgaben verteilt, beginnt einer der Partner und wirft den Ball. Der andere Partner fängt ihn und rollt ihn wieder zurück.
5. **Übung:** Wie Aufgabe 4, nur dass nach jeder Aufgabe ein Wechsel der Aufgaben stattfindet.

5. Flink wie ein Wiesel

Teil 2

Teilen Sie nun die Klasse für das **Wettspiel „Flink wie ein Wiesel"** in Kleingruppen ein. Jede Gruppe übernimmt einen Teil des Aufbaus, damit am Ende dieser Parcours entsteht:

Sobald der Parcours aufgebaut, das „Spielfeld" markiert ist und sich die Kinder einen Überblick über den Aufbau verschafft haben, können Sie den Spielverlauf erklären. **Spielidee:** Die Kinder werden in zwei Gruppen eingeteilt. Verteilen Sie dazu die Parteibänder. Die eine Gruppe ist im ersten Spieldurchgang die werfende Gruppe und die andere Gruppe ist die laufende Gruppe. Alle Kinder der Läufergruppe stellen sich in einer Reihe hinter dem Start auf. Alle Kinder der Werfergruppe verteilen sich an den Wurflinien links und rechts vom Parcours, die durch nebeneinanderstehende Hütchen markiert sind. Die Werfer haben fünf Bälle zur Verfügung. Ein Spieldurchgang dauert 3 Minuten.

Ziel der Läufermannschaft ist es, dass in 3 Minuten so viele Mitglieder wie möglich den Hindernisparcours bis zum Ziel (Fahrradreifen) durchlaufen, ohne von einem Ball der Werfermannschaft abgetroffen zu werden.

Ziel der Werfermannschaft ist es, möglichst viele Läufer mit einem der fünf Bälle abzuwerfen, während diese über den Parcours laufen. Dabei dürfen die Werfenden nicht über die Wurflinien gehen.

Zu den Regeln:

- Ist ein Läufer von einem Ball getroffen worden, muss er den Parcours verlassen und sich zum erneuten Durchlauf wieder am Start anstellen.
- Hat es ein Läufer geschafft, den Parcours zu durchlaufen, ohne abgetroffen zu werden, bekommt er dafür einen Punkt. Stellen Sie sich dazu am besten im Zielbereich auf und führen Sie eine Strichliste.
- Verlässt ein Läufer nicht den Parcours, obwohl er getroffen wurde, notieren Sie einen Minuspunkt.
- Nach 3 Minuten Spielzeit werden die Laufenden zu Werfenden und umgekehrt.

5. Flink wie ein Wiesel

Die Mannschaft, bei der es den meisten Läufern gelingt, das Ziel zu erreichen, ist Sieger.
In einer kurzen Erholungs- und Trinkpause tauschen sich die Mannschaftsmitglieder über ihre Erfahrungen aus und entwickeln eventuell Taktiken. Nach dieser Pause können Sie noch einmal zwei Durchgänge spielen und den Sieger ermitteln. Anschließend baut jeder sein Gerät, das er aufgebaut hat, auch wieder ab.

Abschluss (10 Minuten)

Da die Kinder in der Hauptphase ständig in Bewegung sind und stets, ob als Werfer oder als Läufer, konzentriert sein müssen, sollten Sie im Schlussteil der Unterrichtsstunde eine **Entspannungsübung** durchführen.
Dazu sucht sich jedes Kind einen Platz auf dem Hallenboden und legt sich ausgestreckt hin. Die Kinder können sich auf den Bauch oder Rücken legen und die Augen schließen.
Halten Sie die Kinder an, sich zu entspannen und sich auf ihren Atem zu konzentrieren. Nach einer kurzen Zeit der Ruhe sagen Sie den Kindern, dass sie, sobald diese von Ihnen angetippt werden, aufstehen und sich leise an den Hallenrand (auf die Bank) setzen sollen. Sitzen alle Kinder am Hallenrand, beenden Sie die Stunde.

Variationen:

a) Diese Entspannungsübung können Sie auch akustisch durchführen. Dazu tippen Sie die Kinder nicht an, sondern nehmen zum Beispiel einen Schlüsselbund oder ein Reisdöschen und schütteln dieses neben dem Ohr eines Kindes. Sobald das Kind das Geräusch hört, darf es aufstehen und sich an den Hallenrand setzen.
Es ist auch möglich, dass ein Schüler Ihre Funktion übernimmt und die anderen Kinder antippt oder Geräusche erzeugt.

b) Eine weitere Möglichkeit besteht darin, dass ein Kind anfängt, ein anderes Kind anzutippen. Das angetippte Kind steht auf, tippt ein weiteres Kind an und setzt sich dann an den Hallenrand usw. Sitzen alle Kinder am Hallenrand, ist die Übung beendet.

Tipp für fachfremd unterrichtende Lehrkräfte

Um einen sicheren und geordneten Ablauf des Geräteaufbaus zu gewährleisten, können Sie den Aufbau der Geräte auch in Kleingruppen nacheinander unter Ihrer Anweisung durchführen. Dazu halten Sie Bildkärtchen für alle benötigten Geräte bereit und teilen jeder Kleingruppe ein Gerät zu, das diese mit Ihnen aufbauen sollen. So baut immer eine Kleingruppe ein Gerät unter Ihrer Aufsicht auf, während die anderen Kinder auf der Bank sitzen, sich den ordnungsgemäßen Transport der Geräte anschauen können und auf ihren Einsatz warten.

1, 2, 3–Lauf

Hopserlauf

Seitgalopp

Rückwärtslauf

Anfersen

Kniehebelauf

Fußballenlauf

Kopiervorlage

1, 2, 3–Lauf

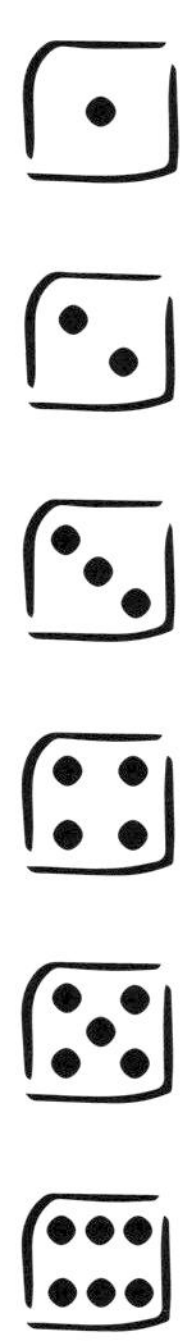

Hopserlauf

Seitgalopp

Rückwärtslauf

Anfersen

Kniehebelauf

Fußballenlauf

© Verlag an der Ruhr | Autor*innen: Vicki und Christian Reinschmidt
ISBN 978-3-8346-3772-7 | www.verlagruhr.de

24
20 x Sport für 90 Minuten | Klasse 1/2

6. Fußballspielen wie die Profis

Darum geht's Großer Spaß durch motivierende Fußballstationen

Kompetenzerwartung Die Schüler schulen ihr Ballgefühl an verschiedenen Stationen und werden für die fußballspezifischen Bewegungsabläufe sensibilisiert.

Material pro Kind 1 Fußball (oder Gymnastikball), 16 Markierungshütchen, 2 große Kästen, 4 kleine Kästen, 2 Langbänke, Stationskarten „Fußball-Profi" (S. 27–29)

***Sicherheitshinweise:** Bitte beachten Sie, dass Kinder mit einer großen Fußballbegeisterung gerne auf die rollenden Bälle schießen. Dies kann für andere Kinder sehr gefährlich werden. Erklären Sie den Kindern diesen Sicherheitsaspekt und verhindern Sie dadurch unkontrolliert umherfliegende Bälle.*

Einstieg (10 Minuten)

Jedes Kind erhält von Ihnen einen Kinderfußball oder Gymnastikball. Jetzt sollen sie abwechselnd Übungen zum **Dribbling** und **Ball-Hochhalten** durchführen: Die Kinder laufen kreuz und quer durch die Halle und führen dabei den Ball am Fuß. Wenn Sie ganz laut „Stopp!" rufen, müssen die Kinder möglichst schnell den eigenen Ball mit dem Fuß stoppen. Dies wiederholen Sie mindestens 5- bis 6-mal. Danach sollen die Schüler den Ball mit dem Fuß in der Luft halten, bevor er auf den Boden aufkommt. Wer schafft es 2-, 3- oder sogar 4-mal? Danach laufen die Kinder wieder mit dem Ball am Fuß kreuz und quer durch die Halle und auf Ihren Zuruf „Wechsel" lassen die Kinder ihren eigenen Ball liegen und laufen zu einem anderen Ball. Mit dem neuen Ball laufen die Schüler wieder durch die Halle, bis von Ihnen der nächste „Wechselruf" kommt. Dies wiederholen Sie mehrfach.

Hauptteil (55 Minuten)

Sie bauen gemeinsam mit den Kindern **fünf bzw. sechs Fußballstationen** auf. Danach erklären Sie die Übungsformen für den ersten Durchgang. Die Kinder gehen paarweise zusammen (falls ungerade Anzahl, bildet sich 3er-Gruppe). Die Schüler üben an jeder Station 3 Minuten lang und erhalten dann von Ihnen das Zeichen für den Wechsel. Nach dem ersten Durchgang erklären Sie den Kindern, dass sie im zweiten Durchgang die Stationsaufgabe selbstständig variieren dürfen. Auch im zweiten Durchgang dürfen die Schüler an jeder Station 3 Minuten üben. Nach der letzten Stationsübung werden gemeinsam alle Geräte abgebaut.

Wichtig: Zur Steigerung der Motivation wurden die Fußballstationen nach bekannten Fußballprofis benannt. Diese Stationsnamen gilt es nach ein paar Jahren zu überprüfen und eventuell zu aktualisieren!

6. Fußballspielen wie die Profis

Abschluss (10 Minuten)

Bei der **Spielidee „Ohne Worte"** geben Sie den Kindern zum Abschluss der Stunde folgende Aufgabe:

„Ab sofort darf bei dieser Spielform kein Kind mehr sprechen!
Bitte stellt euch dem Alphabet nach auf!
Es geht nur um den Anfangsbuchstaben eures Vornamens!
Wessen Vorname mit einem A beginnt, der steht am Anfang der Schlange und alle „Z-Kinder", stellen sich ans Ende der Schlange.
Gibt es mehrere Namen mit dem gleichen Anfangsbuchstaben, ist die Reihenfolge dieser Kinder egal."

Im zweiten Durchgang geht es um den Nachnamen.
Wieder bildet sich eine Reihe von A bis Z.

Tipps für fachfremd unterrichtende Lehrkräfte

Achten Sie beim Aufbau der Stationen auf möglichst große Abstände zwischen den einzelnen Stationen. Den Kindern rollen immer wieder Bälle davon und dann ist es gut, wenn nicht gleich die anderen Übenden gestört werden. Es minimiert auch die Unfallgefahr.

Damit möglichst wenig Wartezeit entsteht, können Sie die einzelnen Stationen immer zweifach aufbauen lassen.

Mit der 6. Stationskarte (blanko) haben Sie ggf. die Möglichkeit, eine eigene Station zu ergänzen bzw. eine vorgegebene Station auszutauschen. Vielleicht erfinden die Kinder auch eine eigene Station, die dann alle einmal ausprobieren sollen?

Kopiervorlage

Fußball-Profi Station 1

Slalomdribbling wie Mario Götze

So geht es:
Spielt zu zweit.
Ein Spieler umläuft mit dem Ball alle Hütchen im Slalom hin und zurück. Dann übergibt er den Ball an seinen Partner.

Das braucht ihr:
4 Hütchen und 1 Ball

Kopiervorlage

Fußball-Profi Station 2

Zielschießen wie Thomas Müller

So geht es:
Spielt zu zweit.
Schießt abwechselnd aus 8 Metern Entfernung auf einen großen Kasten.
Schafft ihr es, ihn zu treffen?

Das braucht ihr:
1 großer Kasten und 1 Ball

Fußball-Profi
Station 3

Pass-Spiel wie Toni Kroos

So geht es:
Spielt zu zweit.
Schießt euch den Ball unter der umgedrehten Bank zu.

Das braucht ihr:
2 kleine Kästen, 1 Ball
1 Langbank

Fußball-Profi
Station 4

Zielgenau wie Mesut Özil

So geht es:
Spielt zu zweit.
Schießt abwechselnd so gegen die Hallenwand, dass der Mitspieler mit dem zurückkommenden Ball gleich weiterspielen kann.

Das braucht ihr:
1 Ball

© Verlag an der Ruhr | Autor*innen: Vicki und Christian Reinschmidt
Illustrationen: Norbert Höveler | ISBN 978-3-8346-3772-7 | www.verlagruhr.de

Fußball-Profi
Station 5

Zuspiel wie Jérôme Boateng

So geht es:
Zielt genau und spielt euch den Ball so zu, dass der Ball immer durch die Hütchentore rollt.

Das braucht ihr:
1 Ball
4 Hütchen

Kopiervorlage

Fußball-Profi
Station 6

So geht es:

Das braucht ihr:

7. Schneller geht's nicht!

Darum geht's Spielerische Schulung der Reaktions- und Aktionsschnelligkeit

Kompetenzerwartung Die Kinder sollen Schnelligkeitsspiele in unterschiedlichen Formen kennenlernen und ihr Reaktionsvermögen über verschiedene Sinne schulen.

Material 1 großer Schaumstoffwürfel, UNO-Karten, 2 Turnmatten, 3 (selbst gemachte) Puzzle mit je 12 Puzzleteilen, 3 Gymnastikbälle, 4 Markierungshütchen, 4 Gymnastikreifen

Sicherheitshinweise: *Lassen Sie bei allen Schnelligkeitsformen ausreichend Platz bis zur Hallenwand – bei hohem Tempo sollten Sie eine „Sicherheitszone" zum Abbremsen einplanen.*

Einstieg (10 Minuten)

Mit dem **„Autospiel mit Gangschaltung"** bereiten Sie die Kinder ideal auf den intensiven Hauptteil vor.
Sie erklären zunächst, dass das Auto fünf Gänge hat. Im ersten Gang dürfen die Schüler ganz langsam laufen. Der zweite Gang ist ein lockeres Laufen und im dritten Gang wird ein zügiges Tempo gerannt. Im vierten Gang soll schnell gerannt werden und im fünften Gang motivieren Sie die Kinder, zu sehr schnellem Laufen. Rufen Sie zu Beginn des Spiels nur die Gänge 1 bis 3 auf, damit sich die Kinder an die Laufbelastung gewöhnen, aber nicht überfordert werden. Nach ein paar Laufminuten geht es in die Gänge 4 und 5. Lassen Sie die Kinder nicht sehr lange in den beiden höchsten Gängen laufen, denn die Belastungsintensität ist dort sehr hoch. Zwischendurch gibt es auch immer mal wieder eine Pause, in der das Auto eingeparkt wird (und sich die Kinder kurz erholen können).

Hauptteil (55 Minuten)

Teil 1

Mit einem klassischen **Sprintspiel** wird die Schnelligkeitsstunde im Hauptteil eröffnet.
Bei **„Schwarz-Weiß"** stellen sich Paare, mit mindestens 3 Meter Abstand zueinander, an der Mittellinie auf. Die eine Seite ist die „schwarze Gruppe" und die andere Seite ist die „weiße Gruppe".
Sie rufen (als Startzeichen) entweder „Schwarz!" oder „Weiß!". Die aufgerufene Gruppe ist die Fängergruppe und jedes Kind versucht, seinen Partner (bis zur Ziellinie) abzuschlagen. Die Kinder müssen geradlinig laufen, dürfen keinen Haken schlagen und die Ziellinie muss einige Meter von der Wand weg sein. Nach dem Sprint wird nachgefragt, wie viele Fänger erfolgreich waren. Nach sechs Durchgängen (3-mal Schwarz und 3-mal Weiß) werden die Fängerpunkte zusammengerechnet und ein Siegerteam ermittelt. Natürlich gibt es einen Revanchedurchgang, bei dem jeder einen neuen Partner bekommt.
Statt Schwarz/Weiß können Sie auch A/B rufen oder sich selbst zwei unterschiedliche Startzeichen einfallen lassen. Vielleicht haben auch die Kinder gute Ideen für zwei neue „Startwörter". Beziehen Sie die Vorschläge der Kinder in Ihren Unterricht mit ein.

7. Schneller geht's nicht!

Teil 2

Die **Puzzle-Staffel** ist das nächste Spiel zur Verbesserung der Schnelligkeit. Sie bereiten drei verschiedene Puzzle vor (für drei Staffelteams), die Sie je hinter ein Markierungshütchen legen. Es sind mindestens 12 Teile (Tipp: Sie können auch z. B. Tierbilder selbst zerschneiden und dort auslegen), die dort verkehrt herum deponiert werden. Das erste Kind läuft nach Ihrem Startkommando von der Startlinie aus bis zum Hütchen (ca. 20 Meter), nimmt ein Puzzleteil auf und läuft schnellstmöglich zurück. Wenn das erste Kind zurückgekommen ist, darf das zweite Kind starten. Die wartenden Kinder versuchen, die ankommenden Puzzleteile auszulegen und das Puzzle fertigzustellen.
Die Gruppe, die das Puzzle als Erstes fertig hat, gewinnt die Staffel.

Bitte achten Sie darauf, dass die Puzzlefertigung etwa 5 Meter hinter der Start- und Ziellinie (seitlich versetzt) durchgeführt wird, damit die ankommenden Kinder nicht über die Puzzlespieler oder das Puzzle stürzen.
Sie machen insgesamt drei Durchgänge, damit jede Staffelgruppe die drei unterschiedlichen Puzzles ausknobeln muss.

Teil 3

Nach diesen beiden intensiven Spielbelastungen bietet sich eine **Regeneration** an. Die Kinder bilden einen großen Kreis. Geben Sie den Kindern drei Gymnastikbälle. Die Kinder werfen die Bälle immer zum nächsten Partner auf der rechten Seite weiter. Wenn Sie ganz laut „Richtungswechsel" rufen, dann werden die Bälle zum direkten Nachbarn auf der linken Seite geworfen.
Diese Spielidee ist unterhaltsam, ideal zur Erholung geeignet und kann so lange durchgeführt werden, bis Sie das Gefühl haben, dass sich alle Kinder wieder erholt haben.

Teil 4

Der **UNO-Sprint** macht großen Spaß und fördert ein weiteres Mal die Schnelligkeit der Kinder. Sie legen zwei Turnmatten in die Hallenmitte. Auf die Matten legen Sie alle UNO-Karten der Zahlen 1 bis 9 in allen vier Farben (mit dem Bild nach unten) aus. Bilden Sie vier Mannschaften und ordnen Sie jeder Gruppe eine Farbe zu.
Die Gruppen stellen sich dann einzeln in je eine Hallenecke, hinter ein Markierungshütchen auf. In der Ecke befindet sich auch je ein Gymnastikreifen. Geben Sie nun für den ersten Staffelläufer das Startzeichen. Die jeweils ersten Kinder laufen zu den UNO-Karten auf den Matten, drehen eine Karte um und dürfen die Karte mit zur eigenen Gruppe nehmen, wenn die richtige Gruppenfarbe gezogen wurde. Falls eine andere Farbe gezogen wird, dann wird die Karte an den gleichen Platz (mit dem Bild nach unten) zurückgelegt. Der nächste Läufer darf erst starten, wenn das vorherige Kind wieder zur Staffelgruppe zurückgekehrt ist. Damit der zurückkommende Läufer nicht über die Karten stolpert, werden die UNO-Karten in einem Gymnastikreifen, schräg hinter dem Starthütchen, gesammelt.
Die Gruppe, die zuerst alle neun Karten im Reifen gesammelt hat, ist die Siegermannschaft. Aber auch die Plätze zwei, drei und vier werden ausgespielt. Es wird somit gelaufen, bis alle Karten von der Matte geholt wurden.

7. Schneller geht's nicht!

Teil 5

Die letzte Spielform im Hauptteil ist das **Würfelspiel**. Sie teilen die Kinder in unterschiedliche Gruppen mit jeweils sechs Schülern ein.
Jedes Kind erhält eine Startnummer (eine Zahl von 1 bis 6) und stellt sich hinter dem Start an der genannten Position auf (Nummer 1 ist ganz vorne und Nummer 6 hinten). Jetzt würfeln Sie mit einem großen Schaumstoffwürfel und die gewürfelte Zahl zeigt die Startnummer an, die um die Wette laufen soll.
Als Laufstrecke bietet sich eine Sprintstrecke von etwa 30 m, um ein Hütchen als Wendemarke, an. Der schnellste Läufer gewinnt für seine Gruppe einen Punkt.
Die Gruppe, die nach 10-mal würfeln die meisten Punkte gewonnen hat, ist die Siegergruppe.

Variation: Sollten die Kinder durch die vorherigen Belastungen zu erschöpft sein, wird das Würfelspiel als Ausdauerspiel angeboten. Die gewürfelte Laufgruppe läuft im gemeinsamen Ausdauertempo zum Markierungshütchen und wieder zurück.
Es gibt keinen Gewinner – die leichte Belastung soll regenerierend wirken.

Abschluss (10 Minuten)

Nach diesen intensiven Schnelligkeitsbelastungen im Hauptteil der Stunde ist ein ruhiger Stundenausklang mit der **Spielidee „Gleiche Schrittzahl"** sinnvoll.
Die Kinder bilden Paare. Partner A gibt eine Gehstrecke vor. Partner B geht die vorgegebene Strecke und zählt dabei laut seine Schrittzahl. Nun muss Partner A die gleiche Strecke mit der gleichen Schrittzahl gehen. Gelingt ihm dies? Nach dem ersten Durchgang werden die Aufgaben gewechselt und der andere Partner gibt die Gehstrecke vor.
Die beiden Kinder sind bei dieser Spielidee Partner und versuchen, gemeinsam ein möglichst gutes Ergebnis zu erreichen – es gibt keinen Vergleich untereinander.
Die Aufgabe soll im Gehen und nicht im Laufen durchgeführt werden, damit sich die Kinder etwas erholen können.

Tipp für fachfremd unterrichtende Lehrkräfte

Die Schnelligkeitsbelastungen sollen mit 100%-iger Intensität durchgeführt werden, damit sie eine positive Wirkung auf den Organismus haben. Bitte beachten Sie aus diesem Grund, dass auf den Sprintstrecken keine Gegenstände im Weg liegen, die Kinder gut aufgewärmt (aber noch nicht ermüdet) sind und es ausreichend Erholungspausen nach den Sprints gibt.

8. Vielseitige Lauf- und Sprungerlebnisse

Darum geht's Über unterschiedliche Lauf- und Sprungerlebnisse sollen die Kinder ihre Erfahrungen erweitern, damit sie auf die leichtathletischen Sprungdisziplinen vorbereitet werden.

Kompetenzerwartung Die Kinder schulen ihre Lauf- und Sprungkoordination und kräftigen dabei gleichzeitig die Beinmuskulatur.

Material 4–6 Teppichfliesen, 4 Langbänke, pro Kind 1 Gymnastikreifen, 12 Markierungshütchen, 2 Turnmatten, 6 Schaumstoffblocks, Stationskarten „Lauf und spring!" (S. 35–37)

⚠ ***Sicherheitshinweise:*** *Gerade bei Erst- und Zweitklässlern dürfen die zu überwindenden Hindernisse nicht wehtun, falls die Kinder hängen bleiben.*

Einstieg (15 Minuten)

Beginnen Sie die Stunde mit **verschiedenen Übungen an der Langbank.**
Stellen Sie dazu vier Langbänke nebeneinander im Abstand von 5 Metern auf.

a) Alle Kinder laufen **Slalom** um die Langbänke herum, damit das Herz-Kreislaufsystem aktiviert wird.
b) Danach verteilen Sie die Kinder an die vier Bänke und erklären ihnen, dass sie …
   - an der ersten Langbank mehrere **Hockwenden** bis zum Ende der Bank machen,
   - sich an der zweiten Bank über die Sitzfläche **ziehen**,
   - an der dritten Langbank über die Sitzfläche **gehen** und
   - an der vierten, umgedrehten Langbank über die schmale Fläche **balancieren** sollen.

Jedes Kind geht nach der Übung an einer Langbank gleich zur nächsten Langbank und wartet kurz, bis es drankommt. Nach drei Durchgängen besprechen Sie mit den Kindern die Erfahrungen und geben Tipps und Hinweise für die zweite Runde (wieder drei Durchgänge).

Nachdem Sie mit den Schülern die Langbänke abgebaut haben, schließen sich **verschiedene Übungen mit Gymnastikreifen** an. Teilen Sie dazu jedem Schüler einen Reifen aus.

a) Jedes Kind **läuft** mit dem rollenden Reifen durch die Sporthalle und aktiviert sein Herz-Kreislaufsystem.
b) Nach Ihrem Kommando bleiben die Kinder irgendwo in der Halle stehen, der Reifen liegt auf dem Boden. Geben Sie nun verschiedene **Sprungübungen** vor:
   - Zunächst springen die Schüler mindestens 20-mal beidbeinig nach vorne in den Reifen und gleich wieder beidbeinig aus dem Reifen heraus.
   - Die nächsten 20 Sprünge sollen die Kinder beidbeinig von rechts in den Reifen springen und wieder nach rechts rausspringen. Die gleiche Sprungübung folgt dann von links.
   - Die nächsten Serien sollen einbeinig gesprungen werden. Nach vorne und zurück, dann wieder von rechts und danach von links in den Reifen und zurück – so wie bei der beidbeinigen Serie (10-mal mit rechts und 10-mal mit links).

8. Vielseitige Lauf- und Sprungerlebnisse

Hauptteil (50 Minuten)

Das Sammeln von Lauf- und Sprungerlebnissen können Sie den Kindern am besten mit **Lauf- und Sprungbahnen** ermöglichen. Bauen Sie dazu die fünf (sechs) Stationen (S. 35–37) nebeneinander in der Halle auf. Die Stationen können Sie z. B. in Kleingruppen aufbauen, indem jede Kleingruppe für eine Station verantwortlich ist. Sie können den Aufbau der Stationen aber auch gemeinsam mit allen Kindern nacheinander durchführen.
Wenn alle Stationen aufgebaut sind, erklären Sie den Kindern, welche Koordinationsübungen an der jeweiligen Station durchgeführt werden. Nach Ihren Erklärungen haben die Kinder pro Bahn 3 Minuten Übungszeit, bevor gemeinsam zur nächsten Lauf- und Sprungbahn gewechselt wird. Nach dem ersten Durchgang besprechen Sie mit den Kindern die Lauf- und Sprungerlebnisse und beziehen die variationsreichen Ideen der Kinder für den zweiten Durchgang (wieder 3 Minuten pro Bahn) mit ein.

Abschluss (10 Minuten)

Spielen Sie zum Stundenabschluss das **Spiel „Fischer, Fischer wie tief ist das Wasser?"**. Sie bestimmen zunächst einen Fänger (= Fischer). Dieser Fischer stellt sich an einer kurzen Seite der Halle (Ufer) und die anderen Kinder (Fische) der Klasse stellen sich an der gegenüberliegenden Hallenseite (anderes Ufer) auf.
Dann fragen die Kinder den Fischer: „Fischer, Fischer wie tief ist das Wasser?" Der Fischer antwortet, indem er eine Meterzahl (z. B. 5 Meter) nennt.
Die Kinder fragen anschließend: „Und wie sollen wir über das Wasser kommen?"
Der Fischer antwortet, indem er eine Fortbewegungsart nennt (Vorwärtslauf, Seitgalopp, Hopserlauf).
Nachdem der Fischer die Fortbewegungsart genannt hat, laufen die Kinder und der Fischer (beide in der gerufenen Fortbewegungsart) aufeinander zu. Die Kinder und der Fischer versuchen jeweils, auf die andere Seite des Ufers zu gelangen. Dabei fängt der Fischer die Kinder. Der Fischer und die Kinder dürfen jeweils nur nach vorne laufen und nicht zurück. Ist ein Kind gefangen, wird es auch zum Fischer und das Spiel wird so lange fortgesetzt, bis nur noch ein Kind (Fisch) übrig bleibt. Das Kind, das zuletzt gefangen wird, darf im nächsten Durchgang des Spiels der Fischer sein.

Tipps für fachfremd unterrichtende Lehrkräfte

- Sie können die Stunde sowohl im Winter in der Halle als auch im Sommer im Freien durchführen. Die Unterrichtsstunde ist für die Sporthalle beschrieben, kann aber (mit Ausnahme des Aufwärmens mit den Langbänken) sehr gut z. B. auf der Tartanbahn im Freien durchgeführt werden.
- Mit der 6. Stationskarte (blanko) haben Sie ggf. die Möglichkeit, eine eigene Station zu ergänzen bzw. eine vorgegebene Station auszutauschen. Vielleicht erfinden die Kinder auch eine eigene Station, die dann alle einmal ausprobieren sollen?

Lauf und spring!
Station 1

Der Teppichfliesen-Sprung

So geht es:
Springt beidbeinig von Teppichfliese zu Teppichfliese.

Das braucht ihr:
4 bis 6 Teppichfliesen,
1 Hütchen

Wichtig:
Die rutschfeste Seite der Teppichfliesen liegt unten!

Lauf und spring!
Station 2

Der Matten-Sprung

So geht es:
Lauft durch die Reifen und springt auf der schrägen Matte ab. Landet auf beiden Beinen. Dann lauft ihr durch die nächsten Reifen und springt wieder auf der schrägen Matte ab.

Das braucht ihr:
4 Reifen, 7 Hütchen,
2 Turnmatten,
4 Reifen

Lauf und spring! Station 3

Die Reifenbahn

So geht es:

Lauft durch die Reifenbahn auf zwei Arten:

1) In jedem Reifen ein Fußkontakt: Wechselt beim Laufen den rechten und linken Fuß ab.
2) In jedem Reifen zwei Fußkontakte: Lauft immer mit dem rechten und linken Fuß durch die Reifen.

Das braucht ihr:

8 Reifen, 1 Hütchen

Lauf und spring! Station 4

Die Schaumstoffblocks

So geht es:

Springt 3 Minuten lang über die Schaumstoffblocks. Lauft dabei mal schnell und mal langsam.

Das braucht ihr:

6 Schaumstoffblocks, 1 Hütchen

Kopiervorlage

Lauf und spring! Station 5

Himmel und Hölle

So geht es:
Springt mit beiden Beinen in den ersten Reifen. Springt von dort direkt mit gegrätschten Beinen in die beiden äußeren Reifen. Dann wieder mit beiden Beinen in einen mittleren Reifen, so lange, bis ihr ans Ende der Reifenbahn kommt.

Das braucht ihr:
10 bis 12 Gymnastikreifen,
1 Hütchen

Kopiervorlage

Lauf und spring! Station 6

So geht es:

Das braucht ihr:

9. Spielerischer Ausdauerlauf

Darum geht's Spielerische Schulung der Ausdauerfähigkeit

Kompetenzerwartung Durch spielerische Bewegungsangebote sollen die Kinder an eine ausdauernde Belastung herangeführt und für ein mittleres Lauftempo sensibilisiert werden. Sie sollen ein Zeitgefühl entwickeln.

Material 1 Stoppuhr, 4 Markierungshütchen, Liste mit kurzen Wörtern für jede 2er-Gruppe (vgl. Wörter-Liste S. 40), 1 Softball (oder Volleyball)

⚠ ***Sicherheitshinweise:*** *Achten Sie darauf, dass bei dieser Laufstunde keine Geräte bzw. Hindernisse auf den Laufwegen liegen.*

Einstieg (10 Minuten)

Ein variationsreiches **Aufwärmspiel** ist das **„Versteinern"**. Sie markieren zunächst ein Spielfeld mit vier Hütchen, in dem alle Kinder kreuz und quer durcheinanderlaufen. Wenn Sie das Kommando „Versteinern!" rufen, dann müssen alle Kinder sofort stehen bleiben und dürfen sich nicht mehr bewegen. Sie kontrollieren die versteinerten Kinder, ob sie auch wirklich ruhig stehen, rufen danach „Weiterlaufen!" und alle Kinder dürfen wieder kreuz und quer durch das Spielfeld laufen. Diesen Ablauf wiederholen Sie mehrfach, bevor Sie eine oder beide **Spiel-Variationen** zum Einsatz bringen:

Variation 1: Für die Laufphasen geben Sie zusätzliche Aufgaben in Form von Laufvarianten: Hopserlauf, Seitgalopp, Rückwärtslauf, Anfersen, Kniehebelauf, Laufen mit Armschwüngen, Schattenlauf mit Partner.

Variation 2: Wenn Sie „Versteinern!" rufen und die Kinder stehen geblieben sind, geben Sie eine Zusatzaufgabe wie zum Beispiel:

- „Es darf sich nur der Zeigefinger an der rechten Hand bewegen!" oder
- „Nur der Kopf dreht ganz langsam hin und her!" oder
- „Nur der linke Arm bewegt sich ganz langsam hoch und runter!"

Dabei muss der gesamte Körper aber weiterhin bewegungslos („versteinert") stehen bleiben.

Hauptteil (50 Minuten)

Im laufintensiven Hauptteil bieten Sie drei **unterschiedliche Spielformen** (Zeitschätzlauf, Zahlenlauf, Wer errät das Wort?) zur Verbesserung der Ausdauer an. Dabei geben Sie den Kindern nach einer gewissen Laufzeit immer wieder die Möglichkeit, sich zu erholen. Im gesamten Hauptteil soll nicht schnell gerannt werden, sondern ein mittleres Tempo durchgehalten werden. Dies ist für viele Erst- und Zweitklässler anspruchsvoll, weil sie eine hohe Dynamik haben und gerne schnell loslaufen (dadurch aber auch schnell ermüden).

9. Spielerischer Ausdauerlauf

Teil 1

Beim **Zeitschätzlauf** machen Sie zunächst einen Probedurchgang und laufen genau eine Minute mit den Kindern. Sie informieren die Kinder vorher, dass Sie ganz konzentriert die Laufminute wahrnehmen sollen. Die erste Spielidee fordert und fördert, neben der Ausdauerfähigkeit, auch das Zeitgefühl der Kinder.
Sie teilen die Sporthalle in zwei gleich große Hälften auf und erklären den Kindern, dass sie für 1 Minute in der einen Hallenhälfte kreuz und quer durcheinanderlaufen sollen. Nach genau 1 Minute (Sie können die Aufgabenstellung auch mit 60 Sekunden formulieren) überqueren die Kinder die Mittellinie der Halle und laufen in der anderen Hallenhälfte weiter. Dort laufen die Kinder im kontinuierlichen Tempo weiter, bis alle Kinder die Seite gewechselt haben.

Da niemand eine Uhr bei sich tragen darf, müssen alle Kinder die Zeit schätzen und nach ihrer „inneren Uhr" laufen. Dies ist beim ersten Mal recht anspruchsvoll, da aber mindestens drei Durchgänge absolviert werden, können sich die Kinder weiterentwickeln.
Sie sollten alle Kinder genau beobachten und sich die Laufergebnisse folgender Kinder merken:

- Welches Kind hat mit welcher Zeit als Erstes die Mittellinie überquert?
- Welches Kind war am nächsten an der Ziel-Zeit von einer Minute dran? und
- Wer hat als Letztes (und mit welcher Zeit) die Seiten gewechselt?

Mit diesen drei Informationen geben Sie allen Kindern die Möglichkeit, die eigene Laufleistung einzuordnen und zu optimieren.

9. Spielerischer Ausdauerlauf

Teil 2

Beim zweiten **Ausdauerspiel**, dem **Zahlenlauf**, werden die Kinder intervallartig gefordert.
Markieren Sie mit vier Hütchen das Handball- oder Basketballfeld. Das gekennzeichnete Feld ist die Laufrunde für die Kinder. Paarweise stehen die Kinder in der Mitte des abgesteckten Feldes. Ein Kind „schreibt" seinem Partner mit dem Zeigefinger eine einstellige Zahl auf den Rücken. Das ratende Kind versucht, mit möglichst wenigen Versuchen auf die richtige Antwort zu kommen (vgl. Skizze S. 41). Wurde die richtige Zahl erraten, dürfen als „Belohnung" zwei Runden gelaufen werden. Es läuft nur das ratende Kind, das andere Kind hat eine Pause (intervallartige Belastung = Belastung und Pause im Wechsel).
Nach den beiden Runden kommt das Kind zum Partner zurück und es gibt einen Aufgabenwechsel. Das schreibende Kind wird zum ratenden und somit laufenden Kind. Jedes Kind sollte mindestens 3-mal zwei Runden gelaufen sein – der Zahlenlauf kann aber auch häufiger wiederholt werden.

Variation: Beim ersten Mal Raten wird eine Runde gelaufen. Beim zweiten Mal Raten werden zwei Runden gelaufen usw.

Teil 3

Bevor Sie mit dem dritten Ausdauerspiel weitermachen, bilden die Kinder einen großen Kreis. Machen Sie ein paar **gymnastische Übungen**, damit sich das Herz-Kreislaufsystem wieder erholen kann. Bieten Sie ruhige Übungsformen an und beziehen Sie Vorschläge der Kinder in Ihr Übungsgut mit ein.

Bei der dritten **Ausdauerspielform „Wer errät das Wort?"** werden neue Paare gebildet. Es gibt wieder ein „schreibendes" Kind und ein „ratendes" Kind. Bei der Spielvariante schreibt ein Kind mit dem Zeigefinger ein kurzes Wort (maximal 5 Buchstaben) auf den Rücken des Partners und das ratende Kind versucht, das Wort zu erraten.
Sie können als Hilfestellung eine Liste mit kurzen Wörtern auslegen (siehe unten). Wenn den Kindern gerade kein kurzes Wort einfällt, dürfen sie auf die Liste schauen. Natürlich darf sich der Ratende auch die Liste anschauen, wenn sein Partner ein Wort davon genommen hat. Wenn ein Kind das Wort erraten hat, darf es wieder zwei Runden laufen. Beim anschließenden Aufgabenwechsel findet das Prinzip der intervallartigen Belastung wieder seine Anwendung (Belastung und Pause im Wechsel).

Je nach Belastbarkeit der Kinder sollte es zwischen drei und fünf Laufdurchgänge pro Kind geben.

Wörter-Liste						
Igel	Sonne	Heft	Mund	Bild	Mars	Moor
Nase	Haus	Mond	Tier	Tasse	Luft	Blatt
Baum	Stuhl	Laus	Kuh	Sport	Buch	Kamm
Bär	Maus	Meer	Auto	Frau	Gabel	Pilz
Hand	Ohr	Hut	Mann	Tisch	Bauch	Bart

9. Spielerischer Ausdauerlauf

Abschluss (5 Minuten)

Da die Kinder im Hauptteil eine große Laufleistung zu absolvieren haben, ist es aus mehreren Gründen im Schlussteil angebracht, ein **Sitzfußballspiel** anzubieten. Zum einen ist ein Mannschaftsspiel im letzten Teil der Stunde ein motivierender Ausklang, der den Kindern großen Spaß macht und zum anderen darf (und muss) beim Sitzfußballspiel nicht mehr gelaufen werden!

Sie teilen die Gruppe in zwei Mannschaften ein und nehmen einen Softball als Spielball. Die Regeln sind dem Hallenfußballspiel sehr ähnlich. Der Torwart darf als einziger Spieler die Hände nehmen und Foulspielen ist verboten. Die Kinder dürfen sich nur im Sitzen rutschend oder im rückwärtigen Krebsgang fortbewegen. Das Abschlussspiel sollte mindestens 10 bis 15 Minuten dauern und eine Abwechslung zur Ausdauerstunde sein.

Tipp für fachfremd unterrichtende Lehrkräfte

Kinder haben oft Schwierigkeiten, das Tempo beim Ausdauerlauf richtig zu dosieren. Oft laufen die Kinder viel zu schnell und sind dadurch sehr früh erschöpft. Durch Ihre verbalen Hinweise (z. B. langsamer laufen) während des Laufens können Sie die hohe Laufintensität der Kinder reduzieren. Erklären Sie den Kindern immer mal wieder, dass beim Dauerlauf nicht gesprintet werden soll.

10. Volltreffer!

Darum geht's Ziel- und Wurfstationen, die großen Spaß machen

Kompetenzerwartung Die Kinder werden über Wurfstationen spielerisch an das Zielwerfen mit unterschiedlichen Bällen und der Frisbeescheibe herangeführt.

Material 1 großer Kasten, 3 kleine Kästen, 2 Langbänke, 6 Markierungshütchen, 5 Gymnastikreifen, 2 Seile zum Befestigen der Reifen, 4 Gymnastikbälle, 9 Tennisbälle, 10 Schaumstoffblocks, 1 Zeitung, 2 Frisbeescheiben

Sicherheitshinweise: *Bitte achten Sie darauf, dass die Kinder nicht durch das Wurffeld laufen. Die Bälle oder Frisbeescheiben dürfen erst geholt werden, wenn alle Kinder geworfen haben.*

Einstieg (10 Minuten)

Beim **Aufwärmspiel Tigerball** werden zunächst mehrere Gruppen gebildet.
Sie teilen in 6er-, 7er- oder 8er-Gruppen auf.

- 6er-Gruppe ➧ Vier Kinder bilden einen Kreis und zwei stehen in der Kreismitte.
- 7er-Gruppe ➧ Fünf Kinder bilden einen Kreis und zwei stehen in der Kreismitte.
- 8er-Gruppe ➧ Sechs Kinder bilden einen Kreis und zwei stehen in der Kreismitte.

Die Kinder auf der Kreislinie werfen sich kreuz und quer, ohne vorher bestimmte Reihenfolge, einen Ball zu und die Kinder in der Kreismitte versuchen, den Ball abzufangen. Wenn eines der Kreismitte-Kinder einen Ball abfangen kann, muss das Kind, das den Ball geworfen hat, in die Kreismitte wechseln. Das Kind aus der Mitte geht mit zu den Kindern in den Außenkreis.

Variationen:

- Wenn eines der Kinder in der Kreismitte den Ball abfängt, darf das Kind, das am längsten in der Kreismitte war, die Kreismitte verlassen.
- Da Kinder beim ersten Abfangen gleich lange in der Kreismitte waren, darf beim ersten Abfangen das jüngere Kind die Kreismitte verlassen.

Hauptteil (60 Minuten)

Bevor es mit dem **Stationsbetrieb „Volltreffer"** losgeht, bauen Sie mit Unterstützung der Schüler alle sechs Stationen auf. Der Gerätebedarf wurde so ausgewählt, dass Sie den Aufbau in kurzer Zeit und gemeinsam mit den Kindern durchführen können.

Nachdem Sie mit den Kindern die Stationen aufgebaut haben, erklären Sie die Zielsetzungen an den einzelnen Stationen.

10. Volltreffer!

Im ersten Durchgang werfen die Kinder nacheinander auf die Ziele und holen erst danach ihre geworfenen Bälle (Sicherheitsaspekt).
Die Kinder bleiben 3 Minuten an einer Station und gehen dann gemeinsam (nach Ihrem Wechselzeichen) zur nächsten Station.
Im zweiten Durchgang dürfen die Kinder an jeder Station selbst die Regeln bestimmen und jeweils einen kleinen Wettkampf durchführen.
Einzige vorgegebene Regel: Bälle dürfen erst geholt werden, wenn alle Kinder geworfen haben.
Geben Sie auch im zweiten Durchgang 3 Minuten Übungszeit und informieren Sie die Kinder, wenn der Wechsel zur nächsten Station stattfinden soll.
Nach dem zweiten Durchgang bauen Sie gemeinsam mit den Kindern die Stationen wieder ab.

Station 1: Hütchen auf dem Kasten treffen

Stellen Sie einen großen Kasten mit mehreren Hütchen auf.
Die Kinder versuchen, mit einem **Gymnastikball** die Hütchen zu treffen.
Die Abwurflinie hat einen Abstand von 5 bis 8 Metern zum Kasten.

10. Volltreffer!

Station 2: Zeitungen an der Wand treffen

Kleben Sie mehrere Zeitungsseiten mit Klebestreifen an die Wand.
Die Kinder versuchen, mit einem **Tennisball** die Zeitungen zu treffen.
Die Abwurflinie hat einen Abstand von 5 bis 8 Metern zur Wand.

Station 3: Reifen im Tor treffen

Hängen Sie zwei bis drei Reifen mithilfe von Seilen im Handballtor auf.
Die Kinder versuchen, mit **Bällen** oder einer **Frisbeescheibe** in die Reifen zu treffen. Die Abwurflinie hat einen Abstand von 5 bis 8 Metern zum Tor.

10. Volltreffer!

Station 4: In drei kleine Kästen treffen

Stellen Sie drei kleine Kästen hintereinander auf.
Die Kinder versuchen, mit einem **Tennisball** in die einzelnen Kästen zu treffen. Die Abwurflinie hat einen Abstand von 5 Metern zum ersten Kasten.

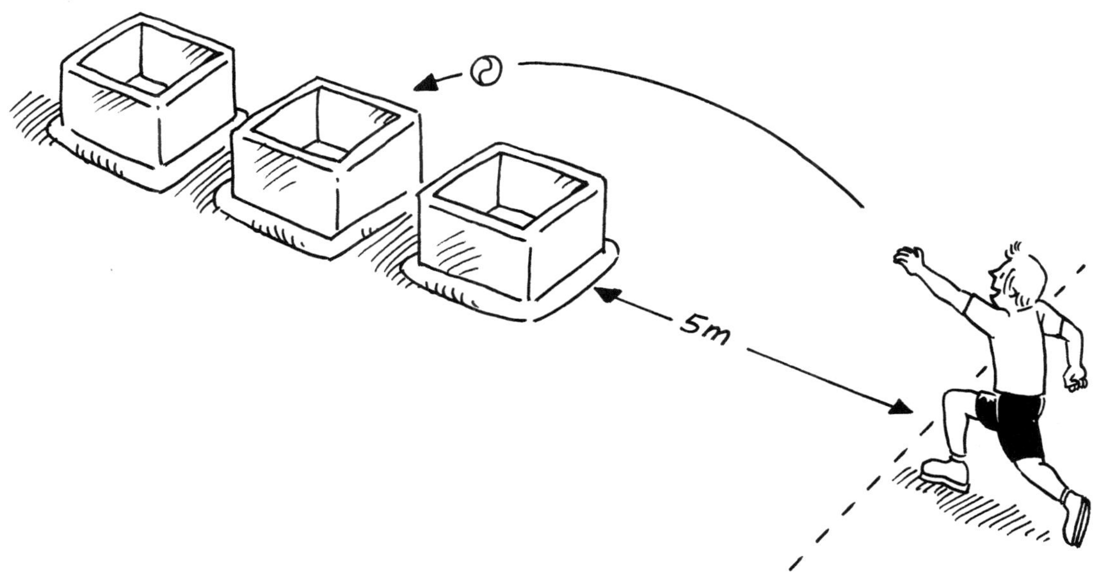

Station 5: Schaumstoffrechtecke treffen

Stellen Sie mehrere Schaumstoffrechtecke auf ein Tor oder zwei Langbänke.
Die Kinder versuchen, mit einem **Gymnastikball** die Rechtecke zu treffen.
Die Abwurflinie hat einen Abstand von 5 bis 8 Metern zu den Langbänken.

10. Volltreffer!

Station 6: In drei Reifen am Boden treffen

Legen Sie drei Reifen hintereinander auf den Boden.
Die Kinder versuchen, mit einem **Tennisball** in die Reifen zu treffen.
Die Abwurflinie hat einen Abstand von 5 Metern zum ersten Reifen.

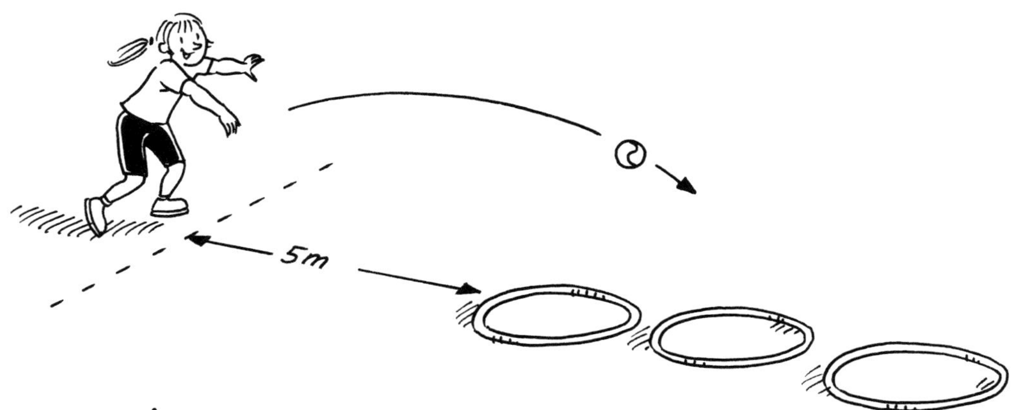

Abschluss (5 Minuten)

Nach dem koordinativen Schwerpunkt im Hauptteil bringen Sie im Schlussteil der Stunde das Herz-Kreislaufsystem der Kinder nochmals in Schwung.
Bei der **Spielidee „Schneller Kreis"** sollen die Schüler zunächst im ausdauernden Tempo kreuz und quer durch die Halle laufen. Wenn Sie eine bestimmte Formation oder Aufgabe rufen (z. B. Kreis, Gasse, Reihe, Handfassung, Fußkontakt), müssen die Kinder möglichst schnell diese Gruppenaufgabe lösen. Die zugerufene Aufgabenstellung gilt nur dann als erfüllt, wenn alle Kinder mit einbezogen wurden. Danach laufen die Kinder wieder im lockeren Ausdauertempo weiter, bis Sie die nächste Formation oder Aufgabe zurufen.

Tipp für fachfremd unterrichtende Lehrkräfte

Bauen Sie beim Stationsbetrieb „Volltreffer" möglichst einfache Stationen auf, die Sie ohne großen Aufwand vorbereiten können, damit möglichst viel Zeit für die Wurfwiederholungen der Kinder bleibt.

11. Balancier dich fit!

Darum geht's Schulung der Gleichgewichtsfähigkeit

Kompetenzerwartung Die Kinder sollen Gleichgewichts- und Balanciererfahrungen sammeln und auch andere Kinder beim Üben unterstützen.

Material pro Kind 1 Seil, 10 Markierungshütchen, Stationskarten „Balancier dich fit!" (S. 49–51), 2 kleine Kästen, 4 Langbänke, ca. 10 Holzstäbe, 10 Turnmatten, 1 Sprungbrett, 1 Sprossenwand, 4 Medizinbälle, mehrere Balancier-Halbkugeln, Musik, Musikgerät

Sicherheitshinweise: *Je nach Leistungsstand der Klasse können Sie den Aufbau der Bewegungslandschaft auch variieren und reduzieren. Stellen Sie sich, während die Kinder üben, an die Stationen, um Hilfestellung geben zu können.*

Einstieg (10 Minuten)

Spielen Sie mit den Kindern zu Beginn das **Fangspiel „Seil erhaschen"**. Die Kinder bekommen, bis auf fünf Kinder, zu Beginn der Stunde ein Seil. Dieses Seil wird geviertelt und am Rücken in die Hose gesteckt, sodass das Seil wie ein Schwänzchen herunterhängt.
In einer Ecke der Sporthalle trennen Sie mit vier Markierungshütchen eine Zone ab. Alle Kinder, die ein Seil haben, rennen davon. Ziel ist es nun, dass sich die Kinder, die kein Seil haben, ein Seil von den umherlaufenden Kindern erobern. Haben Sie einem Kind ein Seil abnehmen können, so geht das Kind mit dem abgenommenen Seil in Ruhe in die abgesteckte Zone, viertelt das Seil, steckt es in die Hose und rennt wieder auf die Spielfläche. Das Kind, dessen Seil abgenommen wurde, muss nun auch versuchen, einem anderen Kind ein Seil abzujagen.

Hauptteil (55 Minuten)

Teil 1

In dieser Phase des Hauptteils bekommen alle Kinder ein Seil, verteilen sich in der Halle und führen verschiedene **Balancierübungen** durch. Dazu legen sie zunächst ihr Seil ganz gerade vor sich hin und versuchen, über ihr Seil hin und her zu balancieren.
Im Anschluss geben Sie den Kindern immer wieder neue Anweisungen, wie sie das Seil legen sollen. Die Kinder können zum Beispiel Kreise, Vierecke, Dreiecke, Buchstaben oder Zahlen legen. Nachdem sie die Figuren gelegt haben, balancieren sie dann über das Seil und bereiten sich so auf die Balancierstationen im folgenden Teil vor.

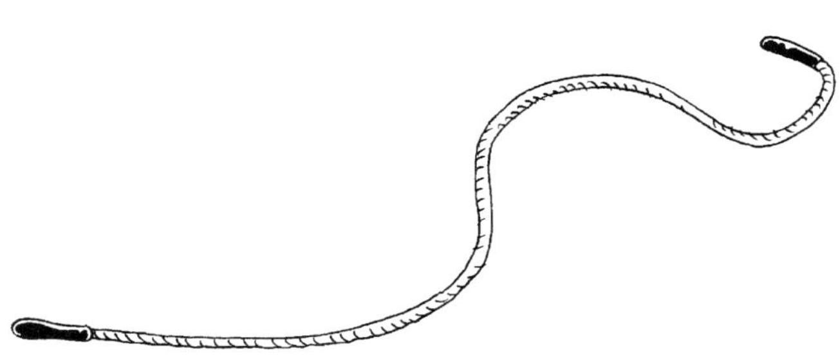

11. Balancier dich fit!

Teil 2

Nach diesen Balancierübungen mit dem Seil sammeln Sie alle Seile ein und versammeln die Kinder, um ihnen die **Stationen „Balancier dich fit!"** zu erklären.
Sie können die Kinder in Kleingruppen einteilen, in denen sie selbstständig die Stationen mithilfe der Stationskarten aufbauen. Oder Sie bauen nacheinander die einzelnen Stationen zusammen mit Kleingruppen oder der gesamten Klasse auf. Nachdem die Stationen aufgebaut sind, zeigen Sie den Kindern an den einzelnen Stationen, wie sie üben sollen und weisen gegebenenfalls auf gewisse Sicherheitsaspekte hin (Eine wichtige Regel, die für alle Stationen gilt: *Beginne erst, wenn das Kind vor dir die Station wieder verlassen hat!*).
Verteilen Sie die Kinder an den einzelnen Stationen, damit nicht alle Kinder mit der gleichen Übung beginnen und zu lange Wartezeiten entstehen. Hat ein Kind ein Gerät überwunden, geht es direkt weiter zur nächsten Station, sodass eine Art Rundlauf durch die Bewegungslandschaft entsteht. Am Ende der Stunde werden die Geräte abgebaut und aufgeräumt.

Abschluss (10 Minuten)

Die Kinder **laufen zur Musik** in der Halle. Eventuell können Sie auch Laufvarianten wie Seitgalopp, Hopserlauf etc. angeben.
Stoppt die Musik, müssen die Kinder ganz schnell auf einem Bein stehen und so lange auf einem Bein stehen bleiben, bis die Musik weiterläuft.
Fällt ein Kind um, bevor die Musik weiterläuft, so muss es auf einer zuvor bestimmten Linie in der Halle auf einem Bein entlanghüpfen und darf dann wieder am nächsten Durchgang teilnehmen.

Variation: Sie können auch immer ansagen, ob die Kinder auf dem rechten oder linken Bein stehen sollen.

Tipps für fachfremd unterrichtende Lehrkräfte

- Helfen Sie unsicheren Kindern beim Üben an den Stationen, sodass sie ihre Ängste überwinden und Sicherheit gewinnen können. Leiten Sie auch Mitschüler an, Hilfestellungen (Handhaltung beim Balancieren) zu geben und sich gegenseitig zu unterstützen.
- Stellen Sie an alle Stationen ein Hütchen auf. Dieses Hütchen stellt den Startpunkt der jeweiligen Station dar und verhindert, dass sich übende Kinder „in die Quere" kommen.

Balancier dich fit!
Station 1

Rollende Bank

So geht es:
Balanciere über die Bank
von einem Kasten zum anderen.

Das brauchst du:
2 kleine Kästen, 1 Langbank,
10 Holzstäbe

Kopiervorlage

Balancier dich fit!
Station 2

Schiefe Ebene

So geht es:
Klettere die Bank hinauf und
an der Sprossenwand
wieder hinunter.

Das brauchst du:
1 Sprossenwand, 1 Langbank,
8 Turnmatten

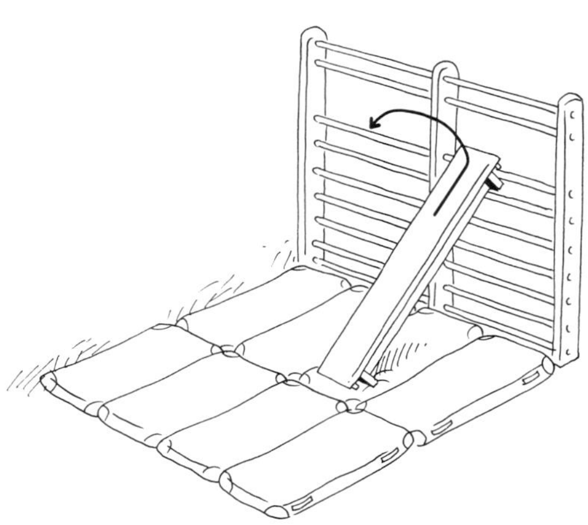

© Verlag an der Ruhr | Autor*innen: Vicki und Christian Reinschmidt
Illustrationen: Norbert Höveler | ISBN 978-3-8346-3772-7 | www.verlagruhr.de

20 x Sport für 90 Minuten | Klasse 1/2
49

Balancier dich fit!
Station 3

Medizinbälle übersteigen

So geht es:
Gehe über die umgedrehte Bank, ohne die Medizinbälle zu berühren.

Das brauchst du:
1 Langbank, 4 Medizinbälle

Kopiervorlage

Balancier dich fit!
Station 4

In geringer Höhe balancieren

So geht es:
Gehe über die umgedrehte Bank von einem Kasten zum anderen.

Das brauchst du:
1 Langbank, 2 kleine Kästen, 2 Turnmatten

© Verlag an der Ruhr | Autor*innen: Vicki und Christian Reinschmidt
Illustrationen: Norbert Höveler | ISBN 978-3-8346-3772-7 | www.verlagruhr.de

50

20 x Sport für 90 Minuten | Klasse 1/2

Balancier dich fit! Station 5

Wippende Bank

So geht es:
Gehe über die umgedrehte Bank von einer Matte zur anderen.
Achtung: Die Bank wippt!

Das brauchst du:
1 Langbank, 2 Turnmatten
1 Sprungbrett

Balancier dich fit! Station 6

Gleichgewicht halten

So geht es:
Gehe über die Halbkugeln, ohne den Boden zu berühren.

Das brauchst du:
10 Balancierkugeln

12. Roll dich fit!

Darum geht's Stationsbetrieb zum Rollen

Kompetenzerwartung Die Kinder erlernen den Ablauf der Vorwärtsrolle und sammeln Erfahrungen beim Vorwärtsrollen.

Material 8 Markierungshütchen, Kopiervorlage „Zahlenbild" (S. 59), Buntstifte, Stationskarten „Roll dich fit!" (S. 55–58), 10 Turnmatten, 3 große Kästen, 1 Tau, 1 Weichbodenmatte, 1 Gymnastikreifen, 2 Rollbretter, 1 Langbank, 2 Sprungbretter

__Sicherheitshinweise:__ Achten Sie bei der Durchführung darauf, dass Sie immer an der Station stehen, die eventuell eine Gefahr in sich bergen könnte, oder an Stationen, die für die Kinder schwieriger zu bewältigen sind und Hilfestellung geben.

Einstieg (10 Minuten)

In dieser Phase erwärmen sich die Kinder mit dem sogenannten **„Zahlen-Lauf"**. Markieren Sie in der Halle ein Laufviereck, indem Sie in jede Ecke des Feldes ein Markierungshütchen stellen. Jedes Kind bekommt ein Blatt mit einem Zahlenbild (siehe Kopiervorlage S. 59). Erklären Sie den Kindern, dass sie das Bild vervollständigen sollen, indem sie die einzelnen Zahlen durch Linien miteinander verbinden. Allerdings dürfen sie nur dann zwei Zahlen verbinden, wenn sie eine Runde um die Hütchen gelaufen sind. Das heißt: Die Kinder laufen die erste Runde um die Hütchen. Erst, wenn sie wieder an ihrem Blatt angekommen sind, dürfen sie die 1 und die 2 verbinden. Dann laufen sie die zweite Runde. Wieder an ihrem Blatt angekommen, verbinden sie die Zahlen 2 und 3. Und auf diese Weise laufen sie so viele Runden, bis alle Zahlen durch eine Linie miteinander verbunden sind.

Die Anzahl der Zahlen auf dem Blatt und damit der Runden, die die Kinder laufen sollen, hängt von der Leistungsfähigkeit der Klasse ab. Die Kinder, die alle Runden gelaufen sind, können das Bild bunt anmalen. Dies dient dann auch gleichzeitig der Regeneration.

Hauptteil (55 Minuten)

Zunächst bauen Sie mit den Kindern **verschiedene Stationen** rund um das **Thema „Rollen"** auf.
Diese Stationen durchlaufen die Kinder in einer Art Bewegungsparcours mehrmals hintereinander. Da die reinen „Rollstationen" für die Kinder eintönig und von der Belastung her zu einseitig wären, sollten Sie die Rollstationen mit anderen Stationen ergänzen (siehe Stationskarte 3, 6, und 8).
Sind alle Stationen aufgebaut, fordern Sie die Kinder auf, in der Halle, aber um die aufgebauten Geräte, zu laufen. Während des Laufens geben Sie den Kindern verschiedene Bewegungsaufgaben:

1. Auf den Zehenspitzen gehen und sich strecken
2. Die Arme kreisen
3. Die Knie heben
4. Die Fersen zum Gesäß bringen
5. Bei Pfiff mit einer Hand den Boden berühren

12. Roll dich fit!

Nach dieser Vorbereitung setzen sich alle Kinder auf die Matten der Mattenbahnstation (Station 1). Hier sagen Sie den Kindern, dass es in dieser Stunde darum geht, das Vorwärtsrollen zu erlernen und zu üben. Zeigen Sie den Kindern auf der Mattenbahn die richtige Ausführung der **Vorwärtsrolle** und weisen dabei auf folgende wichtige Schritte hin:

- In der Ausgangsstellung sind die Beine geschlossen.
- Die Beine werden gebeugt, um in den Hockstand zu gelangen.
- Die Hände werden mit gestreckten Armen auf der Matte aufgesetzt.
- Das Kinn befindet sich auf der Brust.
- Die Füße drücken sich vom Boden ab.
- Der Kopf wird zwischen den Armen auf der Matte aufgesetzt.
- Durch den Abdruck der Füße rollt sich der Körper über den Kopf und anschließend über den Rücken.
- Nach dem Rollvorgang werden die Beine angehockt, die Füße aufgesetzt und die Beine und Arme dann wieder gestreckt.

Alle Kinder stellen sich nach dieser Demonstration nebeneinander entlang der Mattenbahn auf. Jedes zweite Kind versucht nun, eine Vorwärtsrolle auf der Matte durchzuführen. Danach üben die restlichen Kinder. Diese Vorgehensweise ist notwendig, da nicht die gesamte Klasse auf der Mattenbahn Platz findet und so Unfälle vermieden werden.

Hat jedes Kind etwa fünf Vorwärtsrollen durchgeführt, verteilen Sie die Kinder an die verschiedenen Stationen, sodass nicht alle Kinder an der gleichen Station beginnen. Hat ein Kind die Übung an der Station einmal durchgeführt, darf es nacheinander auch an die anderen Stationen wechseln.

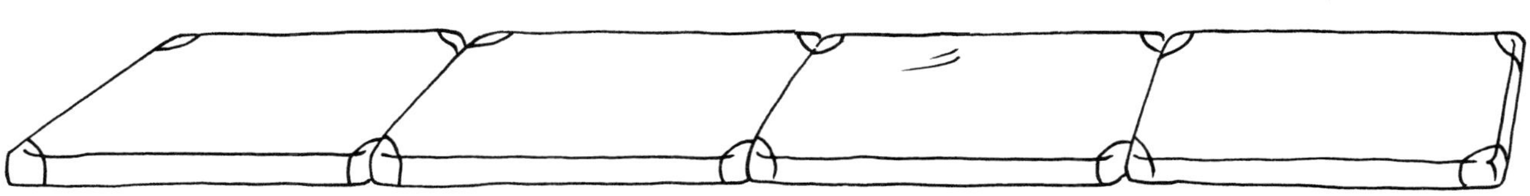

12. Roll dich fit!

Abschluss (10 Minuten)

Zum Abschluss spielen Sie mit den Kindern das Spiel **„A-Fangen"**. Dazu bestimmen Sie je nach Klassengröße zwei bis drei Fänger, die mit einem Parteiband markiert werden. Diese Fänger versuchen, die anderen Kinder zu fangen. Ein gefangenes Kind muss stehen bleiben und sich wie ein A (Beine gegrätscht und Arme über dem Kopf gestreckt zusammen) hinstellen. Kommt ein anderes Kind und krabbelt unter dem „A" hindurch, so ist das Kind erlöst und darf wieder vor den Fängern weglaufen.

Variation: Dieses Spiel kann man auch als Brückenfangen spielen. Hierbei muss das gefangene Kind eine Brücke bilden und kann dann wieder am Spiel teilnehmen, wenn ein anderes Kind durch die Brücke gekrabbelt ist.

Tipps für fachfremd unterrichtende Lehrkräfte

- Sie können den Aufbau der Stationen so durchführen, dass Sie Kleingruppen einteilen. Jede Kleingruppe baut dann mithilfe der Stationskarte seine Station selbstständig auf. Markieren Sie mit einem Hütchen, wo genau die Station aufgebaut werden soll.
- Sie können den Aufbau der Geräte aber auch in Kleingruppen nacheinander unter Ihrer Anweisung durchführen, während die anderen Kinder auf der Bank sitzen, sich den ordnungsgemäßen Transport der Geräte anschauen und auf ihren Einsatz warten.
- Wenn Sie bei der Durchführung des Stationsbetriebs bemerken, dass es sich an einer bestimmten Station staut, überlegen Sie sich geeignete Maßnahmen oder bauen Sie eine zweite, gleiche Station auf, damit immer zwei Kinder gleichzeitig an einer Station üben können.

Roll dich fit! Station 1

Vorwärtsrolle

So geht es:
Mache nacheinander 3 Rollen vorwärts.

Das brauchst du:
3 Turnmatten

Kopiervorlage

Roll dich fit! Station 2

Rollen vom Kasten

So geht es:
Lege dich wie in der Zeichnung auf die Kante des Kastens. Setze nun die Hände auf der Matte auf, lege das Kinn auf die Brust und rolle vorwärts über die Matte.

Das brauchst du:
1 großen Kasten, 1 Turnmatte, 1 Sprungbrett

© Verlag an der Ruhr | Autor*innen: Vicki und Christian Reinschmidt
Illustrationen: Norbert Höveler | ISBN 978-3-8346-3772-7 | www.verlagruhr.de

55
20 x Sport für 90 Minuten | Klasse 1/2

Kopiervorlage

Roll dich fit! Station 3

Schwingen

So geht es:

Schwinge dich von einem Kasten zum anderen und springe dann auf die Weichbodenmatte.

Das brauchst du:

2 Kästen, 2 Turnmatten, 1 Tau, 1 Weichbodenmatte

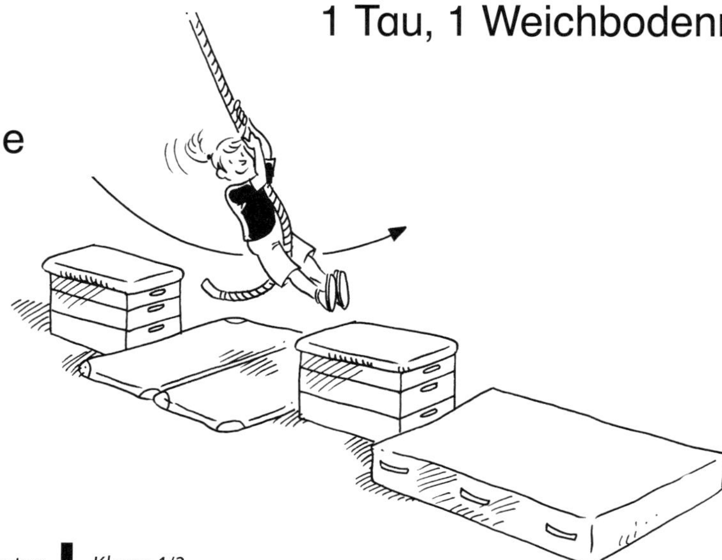

Kopiervorlage

Roll dich fit! Station 4

Rolle durch Reifen

So geht es:

Turne eine Rolle vorwärts durch den Reifen, den ein anderes Kind kurz über dem Boden hält.

Das brauchst du:

2 Turnmatten, 1 Reifen

© Verlag an der Ruhr | Autor*innen: Vicki und Christian Reinschmidt | Illustrationen: Norbert Höveler | ISBN 978-3-8346-3772-7 | www.verlagruhr.de

Roll dich fit!
Station 5

Rolle vom Sprungbrett

So geht es:
Stelle dich mit geschlossenen Beinen vor das Sprungbrett, setze die Hände auf dem Sprungbrett auf und turne eine Rolle vorwärts auf der schiefen Ebene.

Das brauchst du:
1 niedriges Sprungbrett,
1 Turnmatte

Roll dich fit!
Station 6

Rollbrett

So geht es:
Lege oder knie dich auf ein Rollbrett. Umfahre das zweite Hütchen und fahre zurück zum Start-Hütchen.

Das brauchst du:
1 Rollbrett,
2 Hütchen

Roll dich fit!
Station 7

Rolle von der Bank

So geht es:
Knie dich an das Ende der Bank, setze die Hände auf der Matte auf und rolle vorwärts über die Matte.

Das brauchst du:
1 Langbank, 1 Turnmatte

Roll dich fit!
Station 8

So geht es:

Das braucht ihr:

Zahlenbild

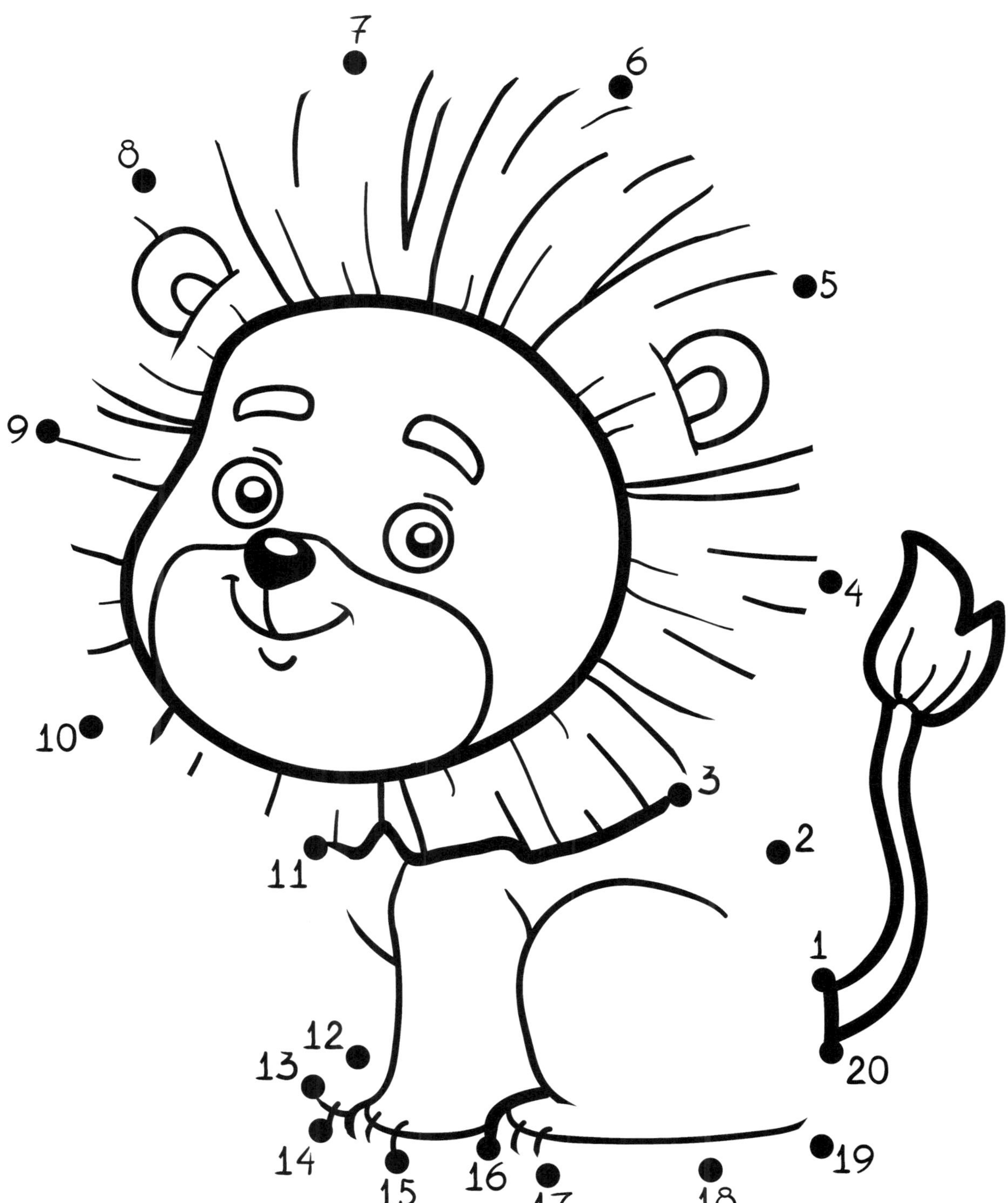

13. Gemeinsam klappt's besser!

Darum geht's Einführung in die Akrobatik

Kompetenzerwartung Bei der Einführung in die Akrobatik sammeln die Schüler turnerische Körpererfahrung. Zusätzlich werden die Körperwahrnehmung, die Gleichgewichtsfähigkeit und die Kraftfähigkeiten geschult. Während der Gruppenarbeit wird auch die Kreativität gefordert und gefördert.

Material 1 Stoppuhr, 1 akustisches Signal (Pfeife), pro 3er-Gruppe 3 Turnmatten, Bildkarten „Beispielübungen Partnerakrobatik" (S. 63/64), verschiedene Bälle (Igelbälle, Tennisbälle …)

Sicherheitshinweise: *Vor der Durchführung der Akrobatikübungen müssen die Kinder ausführlich über Sicherheitsregeln (siehe S. 61) informiert werden!*

Einstieg (10 Minuten)

Zu Beginn der Stunde spielen Sie mit den Kindern das **Spiel „Überraschungsfangen"**. Dazu verteilen sich alle Kinder in der Halle und schließen die Augen. Während die Kinder die Augen geschlossen halten, laufen Sie zwischen den Kindern umher und tippen ein Kind an. Dieses Kind ist nun der Fänger und muss, wenn Sie das akustische Signal geben, die anderen Kinder fangen.
Sobald Sie das akustische Signal gegeben haben, dürfen alle Kinder die Augen öffnen und müssen weglaufen, um nicht gefangen zu werden.
Da zunächst keiner weiß, wer der Fänger ist, sollten alle Kinder weglaufen, da jeder der Fänger sein könnte. Erst nach kurzer Zeit stellt sich heraus, wer der Fänger ist.
Der Fänger hat 2 Minuten Zeit, die Kinder zu fangen.
Kinder, die gefangen wurden, setzen sich auf die Bank.
Nach 2 Minuten ist das Spiel zu Ende und es werden die gefangenen Kinder gezählt. Dieses Spiel kann so oft wie gewünscht wiederholt werden.

Variation 1:
Bei jedem Durchgang ist ein anderes Kind derjenige, der den Fänger bestimmen darf.

Variation 2:
Das letzte Fängerkind bestimmt den nächsten Fänger.

13. Gemeinsam klappt's besser!

Hauptteil (55 Minuten)

Teil 1

Um zur Akrobatik hinzuführen, sollten Sie die Kinder mit verschiedenen **Körperspannungs- und Gleichgewichtsübungen** in **Partnerformen** vorbereiten. Dazu stellen sich die Kinder zur besseren Übersicht mit einem Partner in einen Kreis. Die Übungen werden von Ihnen beispielhaft vorgemacht und dann im Anschluss von den Paaren selbstständig geübt.

Übung 1: Kind A liegt auf dem Rücken auf dem Boden und spannt den ganzen Körper fest an – wie ein Brett. Kind B fasst die Fersen des liegenden Kindes und hebt die Beine langsam an, sodass sich der Körper wie ein Brett vom Boden löst, bis zum Schluss nur noch die Schultern auf dem Boden aufliegen.
Nach ein paar Sekunden wird der Körper wieder auf den Boden abgelegt. Nun legt sich Kind B auf den Boden und führt die Übung wie Kind A durch.

Übung 2: Beide Kinder gehen in den Liegestütz. Ihre Füße berühren sich dabei. Nun gehen die Kinder beide seitlich mit den Händen im Kreis herum, ohne dass sich die Füße vom Platz bewegen.

Übung 3: Beide Kinder stellen sich mit dem Rücken aneinander auf und haken die Arme ineinander. Nun gehen beide Kinder gleichzeitig in die Hocke und richten sich wieder auf, ohne dabei umzufallen oder sich loszulassen.

Übung 4: Beide Kinder stellen sich einander gegenüber auf und fassen sich an den Handgelenken. Die Fußspitzen berühren sich während der gesamten Übung. Nun sollen sich die Kinder fest und gerade wie ein Brett machen und nach hinten lehnen, sodass die beiden Körper ein V bilden. Sind die Körper in V-Form, sollen die Kinder dieses Gleichgewicht und die Spannung eine Zeit lang halten, bevor sie sich wieder in die Senkrechte begeben und die Spannung lösen.

Teil 2

Nach diesen Körperwahrnehmungsübungen sollen sich die Kinder zu 3er-Gruppen zusammenfinden und gruppenweise drei Turnmatten so aneinanderlegen wie in der folgenden Skizze:

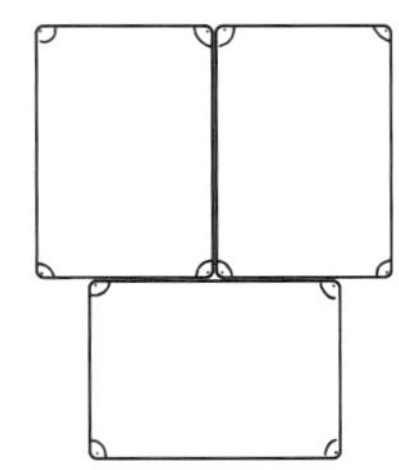

Danach setzen sich alle Kinder um ihre Matten herum auf den Boden, damit Sie wichtige **Sicherheitsregeln** und **grundlegende Hinweise** zum Turnen bei der Akrobatik erläutern können:

1. Turne barfuß oder mit Socken!
   Turnschuhe ausziehen!
2. Stehe bei den Akrobatikfiguren niemals auf der Wirbelsäule deines Partners!
3. Achte bei allen Übungen auf einen geraden Rücken.
4. Achte darauf, dass sich bei der Grundform „Bankstellung" deine Arme unter den Schultern und deine Beine unter deinem Becken befinden.
5. Achte auf die Hände und Füße deiner Turnpartner!
6. Konzentriere dich und spanne deinen Körper während der Übungen an.
7. Möchtest du auf den Körper eines Turnpartners steigen, muss du vorsichtig hinauf- und auch wieder vorsichtig heruntersteigen.
   Auf keinen Fall darfst du abspringen!
8. Ist eine Übung oder Bewegung für deinen Partner unangenehm oder schmerzhaft, dann müsst ihr die Übung sofort beenden!

13. Gemeinsam klappt's besser!

Erst nachdem Sie diese Anweisungen und Hinweise besprochen haben und eventuell richtiges Verhalten beispielhaft von drei Kindern haben vorführen lassen, sollen die Kinder in ihren 3er-Gruppen verschiedene **Partnerakrobatikübungen** durchführen. Dabei üben immer im Wechsel zwei Kinder und das dritte Kind gibt Hilfestellung.

Hängen Sie die Bildkarten mit den Beispielübungen zur Partnerakrobatik (S. 63/64) an die Hallenwand. Die Kinder dürfen diese Übungen selbstständig aussuchen und gemeinsam üben. Sie gehen von Gruppe zu Gruppe und beraten und helfen. Am Ende der Übungsphase soll dann jede Gruppe der Klasse zwei Übungen vorführen.

Abschluss (10 Minuten)

Im Schlussteil der Stunde stellen Sie den Kindern **verschiedene Bälle** (Igelbälle, Tennisbälle, Tischtennisbälle etc.) zur Verfügung, mit denen sich die Kinder **gegenseitig massieren**. So kann sich die beanspruchte Muskulatur erholen. Dazu legen sich die Kinder in Bauchlage auf die bereits vorhandenen Matten. Somit kann der ganze rückwärtige Körper massiert werden. Falls es den Kindern angenehmer ist, setzen sie sich für die Massage in den Schneidersitz auf die Matten.

Geben Sie den Kindern die verschiedenen Massagebereiche (Schulter, Nacken, Rücken) und die Massagearten (Klopfen, Rollen etc.) vor.

Tipp für fachfremd unterrichtende Lehrkräfte

Die Körper- und Gleichgewichtsübungen sind eine wichtige physische und psychische Vorbereitung für die Akrobatikstunde. Achten Sie schon dort auf eine konzentrierte Übungsatmosphäre.

Beispielübungen Partnerakrobatik (1/2)

Abb.: Norbert Höveler

Abb.: Norbert Höveler

Abb.: Norbert Höveler

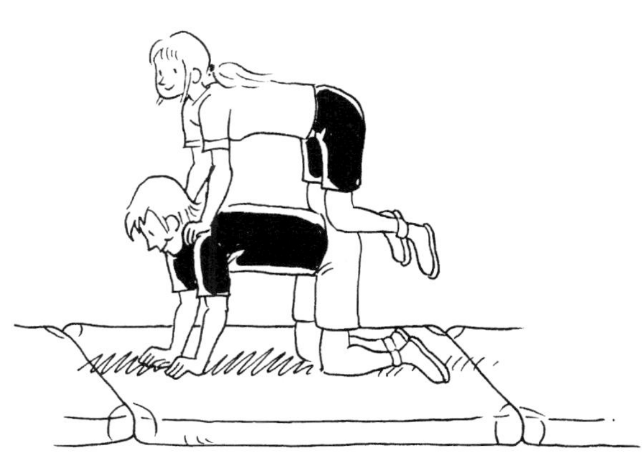

Abb.: Norbert Höveler

Beispielübungen Partnerakrobatik (2/2)

Abb.: Norbert Höveler

Abb.: Norbert Höveler

Abb.: Norbert Höveler

Abb.: Norbert Höveler

ISBN 978-3-8346-3772-7 | www.verlagruhr.de

14. Im Team zum Erfolg

Darum geht's Akrobatik für Geübte

Kompetenzerwartung In der weiterführenden Akrobatikstunde vertiefen und erweitern die Schüler ihre turnerische Körpererfahrung in der Gruppe. Die Körperwahrnehmung, die Gleichgewichtsfähigkeit und die Kraftfähigkeit werden weiter ausgebaut. Während der Gruppenarbeit wird die Kreativität und Teamarbeit gefordert.

Material pro 4er-Gruppe 4 Turnmatten, Bildkarten „Beispielübungen Gruppenakrobatik" (S. 68/69), 2 Langbänke, 4 Markierungshütchen, 4 Parteibänder, 1 Softball

Sicherheitshinweise: *Bei diesen komplexen Gruppenakrobatik-Übungen müssen alle Gruppenmitglieder während der Übung konzentriert und genau üben und sich gegenseitig auf die Einhaltung der zuvor besprochenen Sicherheitsbestimmungen (S. 61) aufmerksam machen. Ein Gruppenmitglied ist ausschließlich für die Unterstützung und Sicherung der drei übenden Gruppenmitglieder zuständig.*

Einstieg (10 Minuten)

Um die Kinder auf die Stunde vorzubereiten, bietet sich zur allgemeinen Erwärmung ein **Fangspiel** an. Spielen Sie mit den Kindern **„Cowboys und Pferde"**.
Um das Spielfeld vorzubereiten, stellen Sie zwei Langbänke über eine Ecke der Sporthalle und lassen zwischen den Bänken einen kleinen Spalt als Durchgang frei, durch den man in die Ecke der Sporthalle gelangen kann. Außerdem markieren Sie im Abstand von etwa einem Meter vor den Bänken eine Linie mit vier Markierungshütchen.
Erklären Sie nun den Kindern das Spiel: Vier Kinder bekommen ein Parteiband. Diese Kinder sind die Cowboys. Die Kinder ohne Parteiband sind die Pferde. Das Ziel des Spiels ist es, dass die Pferde vor den Cowboys wegrennen, während die Cowboys versuchen, die Pferde zu fangen. Ist ein Pferd gefangen worden, muss es in den Stall. Den Stall bilden die Bänke in der Sporthallenecke.
Die gefangenen Pferde müssen im Stall warten, bis eines der frei herumlaufenden Pferde diese per Handschlag wieder befreien.
Jedes Pferd darf immer nur ein gefangenes Pferd befreien. Hat es ein Pferd befreit, muss es erst wieder aus der mit den Hütchen markierten Zone herauslaufen, bevor es wieder hineinlaufen und ein weiteres Pferd befreien darf. Cowboys dürfen die markierte Zone und den Stall nicht betreten.
Dieses Spiel können Sie beliebig oft mit wechselnden Cowboys spielen.

Variation: Je nach Leistungsvermögen der Kinder können Sie den gefangenen Pferden auch Aufgaben geben (auf einem Bein hüpfen, Strecksprünge machen etc.), die sie durchführen müssen, bevor sie wieder befreit werden können.

14. Im Team zum Erfolg

Hauptteil (55 Minuten)

Teil 1

Da die Kinder in dieser Stunde Akrobatik in 3er-Gruppen durchführen sollen, müssen sich die Kinder zu Beginn in 4er-Gruppen zusammenfinden. Jede 4er-Gruppe legt gemeinsam vier Turnmatten zu einem Viereck zusammen, auf dem dann geturnt werden soll (siehe Skizze unten). Als **Vorübung** zur Akrobatik sollen jeweils zwei Kinder der 4er-Gruppe zusammengehen und die Übung **„Schaufensterpuppe"** durchführen:
Dazu stellt, setzt oder legt sich der eine Partner auf die Matten und der andere Partner modelliert ihn, wie eine Schaufensterpuppe, indem er die Haltung der Arme, Beine, Kopf etc. verändert. Die Schaufensterpuppe muss den Körper während der gesamten Übung angespannt halten. Nach einer vorgegebenen Zeit wird das Modellieren beendet und die Schaufensterpuppen können betrachtet werden. Danach wechseln die Aufgaben.
Während die Kinder ihren Partner als Schaufensterpuppe modellieren, hängen Sie beispielhaft verschiedene Bildkarten der Gruppenakrobatik an die Turnhallenwand.

Teil 2

Nach dieser Körperspannungsübung sollen sich alle Kinder um ein Turnmattenviereck versammeln:

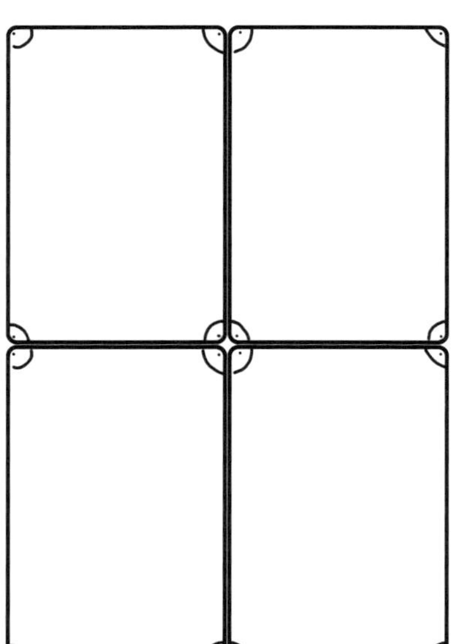

Wiederholen Sie noch einmal die **Sicherheitsregeln** und **grundlegende Hinweise** zum Turnen bei der Akrobatik (siehe Stundenbild 13 – Gemeinsam klappt's besser! S. 60–64) und lassen Sie richtiges Verhalten beispielhaft von vier Kindern zeigen.

Teil 3

Erklären Sie den Kindern, dass sie sich nun je nach Interesse oder Leistungsvermögen **Akrobatikübungen** von der Turnhallenwand **aussuchen** und **selbstständig ausprobieren** und turnen dürfen. Weisen Sie die Kinder darauf hin, dass in ihrer 4er-Gruppe immer drei Kinder üben und das vierte Kind Hilfestellung und Hinweise gibt. Die Funktionen innerhalb der Gruppe sollen dabei immer selbstständig gewechselt werden, damit jeder Schüler hilft und turnt. Geben Sie den Kindern genügend Zeit zum Ausprobieren. Während der Übungszeit laufen Sie beratend von Gruppe zu Gruppe.
Nach einer gewissen Zeit rufen Sie die Kinder wieder zusammen und fragen nach ihren Erfahrungen, die sie beim Turnen gemacht haben.
Geben Sie den Kindern danach die Aufgabe, in ihrer Gruppe zu besprechen, welche zwei bis drei Übungen besonders gut geklappt haben. Diese sollen sie noch einmal üben und in einer kleinen Darbietung den anderen Mitschülern vorführen. Beschränken Sie die Übungsphase auf 10 Minuten.
Zur Präsentation der Gruppenergebnisse versammeln Sie alle Kinder an einem Turnmattenviereck in der Halle. Jede Gruppe zeigt nacheinander zwei bis drei Übungen. Im Anschluss an die Präsentation räumen die Gruppen gemeinsam ihre Matten auf.

14. Im Team zum Erfolg

Abschluss (10 Minuten)

Zum Schluss dieser kraftbetonten, aber eher ruhigen Stunde spielen Sie mit den Kindern ein aktives **Lauf- und Wurfspiel**. Es heißt **„Merkball"**.
Im Spiel befindet sich ein Ball, der von allen Kindern geworfen werden darf. Alle Kinder laufen durch die Halle und der Ball wird von Ihnen ins Spielfeld eingeworfen. Das Kind, das den Ball als Erstes nimmt, darf mit dem Ball (drei bis fünf Schritte) gehen, bevor es versucht, ein anderes Kind abzuwerfen.
Die Anzahl der Schritte hängt vom Leistungsstand, der Gruppengröße und dem Alter der Kinder ab. Wurde ein Kind getroffen, muss es das Spielfeld verlassen und sich an den Spielfeldrand setzen. Das getroffene Kind muss sich merken, von welchem Kind es abgeworfen wurde, denn wird dieses Kind wiederum abgeworfen, dann darf das Kind am Spielfeldrand wieder mitspielen.
Versucht ein Kind ein anderes Kind abzuwerfen und trifft nicht, so dürfen alle Kinder den freien Ball nehmen und werfen. Der Werfer ist also immer der, der sich den freien Ball holt.

Variation 1:
Es darf nicht 2-mal hintereinander das gleiche Kind den Ball holen und werfen.

Variation 2:
Das Kind, das abgeworfen wurde, muss an den Spielfeldrand gehen und dort so lange eine Aufgabe lösen, bis das Kind, das das pausierende Kind abgeworfen hatte, selbst abgeworfen wird.

Tipp für fachfremd unterrichtende Lehrkräfte

Da die gruppenakrobatischen Übungen wesentlich mehr Können von den Kindern abverlangen, müssen Sie unbedingt darauf achten, dass sich die Kinder nicht überschätzen und nur solche Übungen turnen, die von ihnen realistisch umzusetzen sind. Beraten Sie die Kinder während der Experimentier- bzw. Übungsphase und fordern Sie das vierte Kind auf, permanent aufmerksam zu sein und Hilfestellung zu geben.

Beispielübungen Gruppenakrobatik (1/2)

Abb.: Norbert Höveler

Abb.: Norbert Höveler

Abb.: Norbert Höveler

Abb.: Norbert Höveler

ISBN 978-3-8346-3772-7 | www.verlagruhr.de

Beispielübungen Gruppenakrobatik (2/2)

Abb.: Norbert Höveler

Abb.: Norbert Höveler

Abb.: Norbert Höveler

Abb.: Norbert Höveler

ISBN 978-3-8346-3772-7 | www.verlagruhr.de

Inhaltsbereich Gestalten, Tanzen, Darstellen – Gymnastik/Tanz, Bewegungskünste

15. Nichts für Luftikusse – Luftballons

Darum geht's Vielseitiges Bewegen mit Luftballons

Kompetenzerwartung Die Kinder sollen Bewegungserfahrungen mit Luftballons sammeln und sich kleine Kunststücke einfallen lassen.

Material pro Kind 1 Luftballon (es sollten möglichst von einer Farbe mindestens 3 Luftballons aufgeblasen sein), 10 Ersatzluftballons, 8 Markierungshütchen, 1 Stoppuhr

Sicherheitshinweise: *Bitte achten Sie darauf, dass die Kinder bei den Kunststücken ausreichend Platz zueinander haben, denn oft sind die Kinder durch das Fokussieren auf den Luftballon abgelenkt.*

Einstieg (10 Minuten)

Zu Beginn der Stunde spielen die Kinder das **Fangspiel „Brückenwächter"**, damit ihr Herz-Kreislaufsystem aktiviert wird.
An den beiden Grundlinien des Basketballfeldes (durch vier Markierungshütchen gekennzeichnet) werden jeweils zwei Hütchen im Abstand von fünf bis sechs Metern auf eine Linie gestellt. Diese Linien stellen die beiden Brücken dar (vgl. Skizze).
Legen Sie die ersten beiden Brückenwächter fest (pro Brücke ein Wächter), die sich nur auf der Linie (= Brücke) hin- und herbewegen dürfen. Die anderen Kinder sind ständig in Bewegung. Sie laufen um das Basketballfeld und versuchen, über die Brücke zu kommen, ohne vom Brückenwächter abgeschlagen zu werden. Wenn der Brückenwächter ein Kind erwischt hat, zählt er ganz laut „Eins!" (das Kind darf weiterlaufen), beim zweiten abgeschlagenen Kind ruft er ganz laut „Zwei!" (auch dieses Kind darf weiterlaufen) und erst das dritte abgeschlagene Kind wird zum neuen Brückenwächter und versucht nun selbst, drei Kinder zu fangen.
Das Spiel geht so lange, bis alle Kinder gut aufgewärmt sind.

15. Nichts für Luftikusse – Luftballons

Hauptteil (55 Minuten)

Teil 1

Jedes Kind erhält einen Luftballon, den Sie schon vor der Sportstunde aufgeblasen haben. In der ersten Phase mit dem Luftballon erhalten die Kinder einige Minuten Zeit, mit dem Luftballon zu spielen und sich ein **„kleines Kunststück"** einfallen zu lassen. Suchen Sie sich nach der Einübungsphase drei Kunststücke aus (z. B.: eines mit den Händen, eines mit den Beinen und eines mit dem Kopf) und lassen Sie alle Kinder diese drei kleinen Kunststücke ausprobieren.

Teil 2

In der zweiten Phase dieser kreativen Herausforderung bilden sich **Paare** (und eventuell eine 3er-Gruppe). Jedes Team darf sich wieder **Kunststücke** einfallen lassen (mit einem oder zwei Luftballons). Es dürfen dieses Mal aber auch Bewegungsverbindungen eingeübt werden. Wieder suchen Sie drei Kunststücke (bitte andere Schüler als bei den Einzel-Kunststücken auswählen) aus, die dann von allen Teams ausprobiert werden. Wer hat gute Ideen?

Teil 3

Nach den Kunststücken mit den Luftballons lockert ein **„Fangspiel mit Luftballons"** die Sportstunde auf und fördert gleichzeitig die Geschicklichkeit und Schnelligkeit der Kinder. Zwei Fänger versuchen, innerhalb eines abgesteckten Feldes, in 30 Sekunden möglichst viele Kinder abzuschlagen.
Wer abgeschlagen ist, bleibt stehen, streckt die Hände nach oben und wartet auf einen Luftballon. Drei Kinder haben einen Luftballon in ihren Händen und können mit der Übergabe des Luftballons die abgeschlagenen Kinder erlösen. Wer einen Luftballon in der Hand hat, kann nicht abgeschlagen werden.
Nach einer halben Minute ist die erste Fangrunde vorbei und es wird gezählt, wie viele Kinder in diesem Moment stehen und nicht erlöst sind.
Spielen Sie das Fangspiel mehrmals durch, damit möglichst viele Kinder auch einmal als Fänger aktiv waren.

15. Nichts für Luftikusse – Luftballons

Teil 4

Bei den gymnastischen und koordinativen Übungen des **„Luftballon-Kreises"** bilden zunächst alle Kinder einen großen Kreis. Sie geben je nach Gruppengröße vier bis sechs Luftballons in die Gruppe (blaue, gelbe und rote Luftballons) und stellen folgende **Aufgaben:**

Übungsreihe im Stand:

- Der Luftballon muss dem linken Nachbarn übergeben werden.
- Der Luftballon muss dem rechten Nachbarn übergeben werden.
- Der Luftballon wird mit den Füßen zum linken Nachbarn weitergeführt.
- Der Luftballon wird mit den Füßen zum rechten Nachbarn weitergeführt.
- Der Luftballon darf nicht festgehalten werden, sondern soll mit der Hand zum linken Nachbarn weitergespielt werden.
- Der Luftballon darf nicht festgehalten werden, sondern soll mit der Hand zum rechten Nachbarn weitergespielt werden.
- Der Luftballon wird zunächst einmal um den Körper geführt (auf Bauchnabelhöhe) und dann zum linken Nachbarn geworfen.
- Der Luftballon wird zunächst einmal um den Körper geführt (auf Bauchnabelhöhe) und dann zum rechten Nachbarn geworfen.

Übungsreihe im Sitzen:

- Der Luftballon wird zum linken Nachbarn geworfen.
- Der Luftballon wird zum rechten Nachbarn geworfen.
- Die blauen Luftballons werden an den linken Nachbarn weitergegeben und die gelben Luftballons werden an den rechten Nachbarn weitergegeben.
- Der blaue Luftballon wird dem linken Nachbarn zugeworfen, der gelbe Luftballon wird dem linken Nachbarn übergeben und der rote Luftballon wird dem linken Nachbarn mit dem Fuß weitergespielt.
- Der blaue Luftballon wird dem rechten Nachbarn zugeworfen, der gelbe Luftballon wird dem rechten Nachbarn übergeben und der rote Luftballon wird dem rechten Nachbarn mit dem Fuß weitergespielt.

Teil 5

Nach den Übungsreihen mit dem Luftballon bringt eine **Luftballonstaffel** wieder etwas Schwung in die Sportstunde. Bilden Sie möglichst viele Staffelteams, damit der einzelne Schüler oft laufen kann. Bei einer Pendelstaffel – die Gruppen teilen sich auf und stellen sich an den beiden Seiten der Laufstrecke gegenüber auf – laufen die Schüler mit dem Luftballon in der Hand von der einen Seite zur anderen Seite und übergeben dort den Luftballon. Wenn jedes Kind 2-mal gelaufen ist und somit wieder an seinem Ausgangsort steht, ist die Pendelstaffel beendet.
Natürlich gibt es eine Revanche und weitere variationsreiche Durchgänge (z. B. müssen zwei Luftballons transportiert werden oder der Luftballon darf nur mit dem Fuß angetrieben werden).

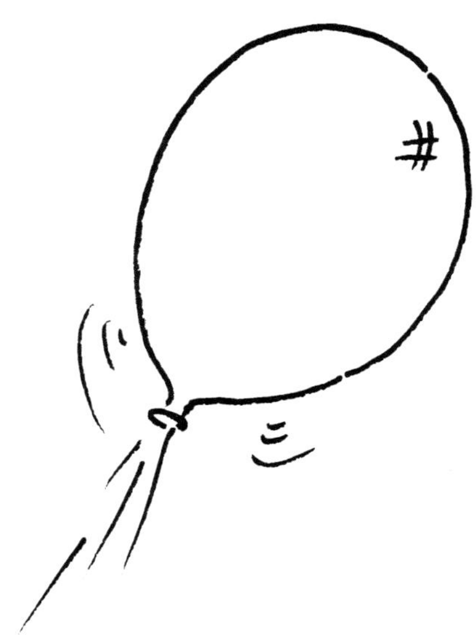

15. Nichts für Luftikusse – Luftballons

Abschluss (10 Minuten)

Mit dem turbulenten **„Farbenspiel mit Luftballons"** werden die Grundschüler zum Schluss der Stunde nochmals aktiviert und Sie beenden die Stunde mit Teamaufgaben für die gesamte Gruppe. Sie nehmen zunächst etwa halb so viele Luftballons, wie Kinder mitspielen. Die erste **Gruppenaufgabe** heißt:
„Versucht alle Luftballons so lange wie möglich in der Luft zu halten!"

Sie stoppen die Zeit und die gesamte Gruppe versucht, den Bodenkontakt der Luftballons zu verhindern. Wenn ein Luftballon auf den Boden kommt, wird die Zeit gestoppt. Die Luftballons dürfen nicht gehalten, sondern nur geschlagen werden (möglichst weit nach oben, denn dadurch gewinnen die Spieler Zeit).
Eventuell können Sie je nach Leistungsfähigkeit der Kinder die Anzahl der Luftballons steigern.

Wenn die Spielidee allen Schülern klar geworden ist, dann können Sie **Zusatzaufgaben** einbauen, die das Mitdenken der Kinder nochmals intensiv aktiviert.
Zusatzaufgaben könnten z. B. sein:

- Die blauen Luftballons dürfen nur mit den Füßen berührt werden.
- Die grünen Luftballons dürfen nur mit den Händen berührt werden.
- Die anderen Luftballons dürfen mit allen Körperteilen gespielt werden.

Sie können die Motivation der Kinder durch eine Zeitnahme (wie lange schafft die Gesamtgruppe die Durchführung der Aufgabe?) bei bestimmten Herausforderungen steigern.

Tipp für fachfremd unterrichtende Lehrkräfte

Bereiten Sie vor der Luftballonstunde mindestens zehn aufgeblasene Ersatz-Luftballons vor. Somit gibt es beim Zerplatzen eines Luftballons keine Beeinträchtigung des Stundenverlaufs, denn Sie können dem Kind sofort einen vorbereiteten Luftballon anbieten.

16. So ein Zirkus!

Darum geht's Darstellung einer Zirkustierdressur mit Kunststücken im Rollenspiel

Kompetenzerwartung Bewegungskunststücke mit und ohne Gerät zu zweit entdecken, erproben und gestalten; Rollen und Gefühle darstellen sowie kurze Bewegungsfolgen und Kunststücke vorstellen

Material Bildvorlagen „Zirkustiere" (S. 77) auf A4 groß kopiert, Musikgerät, Musik, Übungsmaterialien (Bälle, Seile, Gymnastikreifen), pro Schülerpaar 2 Turnmatten, 4 Parteibänder, 6 Fahrradreifen oder 6 Teppichfliesen

Sicherheitshinweise: *Achten Sie darauf, dass während der Übungsphase keine risikoreichen Kunststücke durchgeführt werden.*

Einstieg (10 Minuten)

Hängen Sie die Bilder „Zirkustiere" (S. 77) gut sichtbar an die Turnhallenwand.
Um die Kinder auf das Thema Zirkus einzustimmen, spielen Sie mit den Kindern das **Aufwärmspiel „Ich bin ein Zirkustier"**. Hier sollen sich die Kinder für ein Zirkustier entscheiden und es in seiner typischen Fortbewegungsart nachahmen.
Dies tun sie immer dann, wenn sie Musik (evtl. Zirkusmusik oder ein zum Thema Zirkus passendes Lied) hören. Stoppt die Musik, soll sich jedes Kind zu einer kurzen Verschnaufpause auf den Boden setzen. In dieser Pausenzeit soll jedes Kind ein weiteres Zirkustier auswählen. Setzt die Musik wieder ein, bewegen sich die Kinder wie ihr neu gewähltes Zirkustier fort.
Lassen Sie die Kinder insgesamt fünf bis sechs Zirkustiere darstellen.

Hauptteil (55 Minuten)

Teil 1

Im Hauptteil erklären Sie den Kindern das Vorgehen und das Ziel dieser Unterrichtseinheit. Die Kinder sollen zusammen mit einem anderen Kind ein kleines **Rollenspiel zum Thema Tierdressur im Zirkus** durchführen. Dazu müssen die Rollen von den Kindern selbst festgelegt werden. Ein Kind ist das (selbst gewählte) Tier, das andere Kind spielt die Rolle des Tiertrainers. Die Kinder müssen sich überlegen, wie sich das gewählte Tier fortbewegen und welche Kunststücke es machen kann.
Zunächst legt jedes Paar zwei Turnmatten in der Sporthalle zu einem Rechteck zusammen. Auf diesem soll geturnt werden. Jedes Paar bekommt die Aufgabe, dass der Tiertrainer mit seinem Zirkustier zwei bis drei Kunststücke einüben soll, die dann in einer kleinen Darbietung den anderen Kindern der Klasse vorgeführt werden.
Für die Darbietung stellen Sie den Kindern verschiedene Materialien zur Verfügung (evtl. je einen Reifen, ein Seil, einen Ball ...). Während die Kinder einen Platz für ihre Matten suchen und diese aufbauen, legen Sie den Kindern die Materialien bereit.

16. So ein Zirkus!

Teil 2

Während der selbstständigen Übungsphase gehen Sie von Gruppe zu Gruppe, geben Hinweise und Anregungen und achten auf die sichere Durchführung der Darbietungen. Weisen Sie die Kinder etwa 5 Minuten vor Ablauf der Übungsphase darauf hin, dass sie noch 5 Minuten zum Üben haben und dass dann die Präsentationsphase beginnt.

Zur **Präsentation** setzt sich die Klasse auf die Bänke an der Hallenwand, da sie von dort aus den besten Blick zu allen Matten in der Halle hat.

Jedes Paar macht seine Präsentation am besten auf seiner eigenen Matte, da dort eventuell auch bereits ein Arrangement aus den verschiedenen Materialien aufgebaut sein kann.

Beginnen Sie bei der Darbietung mit einem Paar und fahren dann mit der danebenliegenden Matte fort. So haben Sie den Überblick und vergessen keine Gruppe bei der Präsentation.

Animieren Sie die Kinder, während der Darbietung leise und aufmerksam zuzuschauen, und die Leistung mit einem Applaus zu würdigen.

Nachdem alle Paare ihre eingeübten Kunststücke vorgeführt haben, räumen diese ihre Matten und Materialien wieder zurück in den Geräteraum.

16. So ein Zirkus!

Abschluss (10 Minuten)

Zum Abschluss der Stunde spielen Sie mit den Kindern das **Laufspiel „Ausbruch der Zirkustiere"**.
Bei diesem Spiel legen Sie sechs Fahrradreifen oder Teppichfließen an eine Längsseite der Sporthalle. Diese symbolisieren sechs Tierställe.
Vier Kinder bekommen ein Parteiband. Sie sind die Angestellten des Zirkus und versuchen, die anderen Kinder, die die geflüchteten Zirkustiere sind, wieder einzufangen, indem sie diese abschlagen. Ist ein Zirkustier von einem Fänger abgeschlagen worden, so muss sich das Tier in den Stall stellen.
Das gefangene Tier darf den Stall dann wieder verlassen, wenn ein anderes gefangenes Tier dessen Platz im Stall einnimmt. Ein gefangenes Kind muss sich also nicht in einen leeren Stall stellen, sondern kann den Platz eines bereits im Stall stehenden Tieres einnehmen und dieses dadurch wieder befreien.
Je nach zur Verfügung stehender Zeit können Sie auch noch einen Wechsel der Fänger durchführen und einen zweiten Spieldurchgang starten.

Tipps für fachfremd unterrichtende Lehrkräfte

- Um einen reibungslosen Aufbau der Matten durch die Paare durchzuführen, können Sie auch, je nach organisatorischem Können der Klasse, immer nur zwei Paare parallel die Matten aufbauen lassen. Das nimmt zwar etwas mehr Zeit in Anspruch, kann aber bei weniger gut organisierten Klassen wesentlich besser funktionieren.
- Bei der Durchführung der Übungsphase sollten Sie den Gruppen immer beratend zur Seite stehen. Geben Sie den Kindern nur eine überschaubare Anzahl von Materialien zum Einüben der Kunststücke.

Zirkustiere

Abb.: Norbert Höveler

Abb.: Norbert Höveler

Abb.: Norbert Höveler

Abb.: Norbert Höveler

Abb.: Norbert Höveler

ISBN 978-3-8346-3772-7 | www.verlagruhr.de

17. Drei-Felder-Ball, Kastenball, Völkerball

Darum geht's Verschiedene Ballspiele kennenlernen und Spielfreude wecken

Kompetenzerwartung Ballspiele mit Regelstrukturen sollen verstanden und umgesetzt werden. Grundlegendes taktisches Verhalten bei komplexen Spielformen und koordinative Fähigkeiten mit Bällen stehen im Fokus.

Material 2–3 große Kästen, 3 Softbälle, pro Kind 1 Gymnastikball, ca. 12–15 Markierungshütchen, 3–4 Langbänke

Sicherheitshinweise: *Eine Ballspielstunde macht den meisten Kindern großen Spaß und setzt auch Emotionen frei. Bitte schauen Sie darauf, dass keine Bälle umhergeworfen werden und dass keine Bälle als Stolperfallen auf dem Boden liegen.*

Einstieg (10 Minuten)

Alle Kinder laufen für den Einstieg kreuz und quer durch die Halle und **prellen** dabei einen **Gymnastikball**.
Ab und zu rufen Sie „STOPP!" und nach Ihrem Zeichen halten alle Kinder ihren Ball fest und Sie stellen eine Aufgabe. Die Aufgabe heißt beispielsweise: „Alle Kinder mit der gleichen Augenfarbe bilden eine Gruppe!".
Eine weitere Aufgabenstellung könnte sein, dass alle Kinder mit der gleichen Hosenfarbe oder T-Shirtfarbe eine Gruppe bilden. Zwischendurch laufen die Schüler immer wieder, mit dem Ball prellend, durch die Sporthalle, um das Herz-Kreislaufsystem zu aktivieren.

Hauptteil (55 Minuten)

Im Hauptteil bieten Sie drei verschiedene Ballspiele an, damit die Kinder Erfahrungen bei Spielformen mit Regelstrukturen sammeln können.

Teil 1

Das erste **Mannschaftsspiel** ist das **„Drei-Felder-Ball-Spiel"**.
Bilden Sie zwei Mannschaften und teilen Sie ein möglichst großes Spielfeld mit acht Markierungshütchen in drei gleich große Teile. Stellen Sie für jede Mannschaft eine Langbank an der Spielfeldseite auf (vgl. Skizze, S. 79).

Die beiden äußeren Felder dürfen nur von jeweils einem Team betreten werden und das mittlere Feld darf von beiden Teams genutzt werden. Geben Sie drei Softbälle (je nach Gruppengröße sind auch zwei bis vier Bälle möglich) ins Spiel. Nun versuchen die Mannschaften, sich gegenseitig abzuwerfen. Dabei darf das äußere Feld des gegnerischen Teams nicht betreten werden. Auch im mittleren Feld darf abgeworfen werden – dies ist aber für die Spieler eine ganz „gefährliche" Zone, da der Gegner hier ebenfalls hineindarf.
Wer abgetroffen wird, setzt sich auf seine Mannschaftsbank. Der zweite, der abgetroffen wird, setzt sich daneben und besetzt so die Position zwei usw.
Wird vom eigenen Team ein Ball gefangen, darf das erste Kind auf der Bank wieder mitspielen.
Sie beenden den ersten Durchgang nach 4 bis 5 Minuten oder wenn alle Kinder einer Mannschaft auf der Bank sitzen. Nach einer kurzen Pause geht es in den zweiten Durchgang. Entscheiden Sie selbst, ob es auch einen dritten oder vierten Durchgang gibt.

17. Drei-Felder-Ball, Kastenball, Völkerball

Teil 2

Bei der zweiten Spielidee, dem **„Kastenball"**, stellen Sie einen Kasten auf und positionieren im Abstand von 5 bis 7 Metern um den Kasten herum einen Kreis aus fünf bis sechs Hütchen. Bilden Sie mindestens zwei, bei großen Klassen drei Spielkreise um einen Kasten, damit die Kinder möglichst viele Ballkontakte haben.

Die Spielidee ist Folgende: Ein Kind versteckt sich hinter dem Kasten und versucht, dem geworfenen Softball auszuweichen. Die Schüler, die außerhalb des Kreises stehen, werfen sich so lange den Softball zu, bis ein Kind eine Chance hat, das Kind in der Mitte abzutreffen. Wird das Kind in der Mitte getroffen, dann darf der Schüler, der geworfen und getroffen hat, in die Mitte und das abgeworfene Kind wechselt nach außen in den Kreis.

Nachdem das Kind in der Mitte mehrfach ausgewechselt wurde, gibt es eine kurze Pause. Sie besprechen mit allen Kindern, welche guten taktischen Ideen sich beim Abwerfen des Kindes in der Mitte bewährt haben.

Danach bilden Sie neue Gruppen und geben die Anweisung, dass die Kinder die Ideen zum schnelleren Abwerfen des Kindes in der Mitte ausprobieren sollen.

17. Drei-Felder-Ball, Kastenball, Völkerball

Teil 3

Als letzte Spielform mit Bällen bieten Sie **„Völkerball"** an. Bauen Sie zwei gleich große Spielfelder auf und markieren Sie die Mittellinie mit drei bis vier Langbänken. An den Spielfeldecken stellen Sie Markierungshütchen auf.
Jede Mannschaft bestimmt einen König, der um das gegnerische Feld laufen darf und die Gegenspieler auch abwerfen kann. Jeder abgeworfene Spieler muss aus dem eigenen Feld heraus und kann, wie der König, um das gegnerische Feld laufen und die anderen Kinder abwerfen. Kinder, die einen Ball fangen, gelten nicht als abgeworfen. Wirft ein Spieler, der außen steht, einen anderen Spieler ab, darf er wieder zurück ins Spielfeld.
Wenn der letzte Spieler im Spielfeld abgetroffen wurde, darf der König als letzter Spieler ins eigene Spielfeld. Er hat drei „Leben" – muss also 3-mal abgetroffen werden, bis das Völkerballspiel beendet ist. Kommt allerdings wieder ein Mitspieler zurück ins Spielfeld, weil er einen gegnerischen Spieler abgetroffen hat, geht der König wieder zurück an die Außenlinie des Gegners. Wird der König das dritte Mal abgetroffen, ist das Völkerballspiel zu Ende.
Ist die Spielzeit (ca. 15 Minuten) vorbei, ohne dass das Spiel beendet ist, dann gewinnt das Team, das gerade mehr Spieler im Spielfeld hat.

17. Drei-Felder-Ball, Kastenball, Völkerball

Abschluss (10 Minuten)

Nachdem die Langbänke zurückgestellt sind, erhält jedes Kind für das **Abschlussspiel** einen **Gymnastikball**. Alle Kinder stellen sich in der Hallenmitte auf die Mittellinie und schauen in die gleiche Richtung zum Handballtor (falls kein Handballtor vorhanden ist, stellen Sie zwei Markierungshütchen auf, die 3 Meter auseinanderstehen). Auf Ihr Kommando: „Auf die Plätze, fertig, rollen!", rollen alle Kinder gemeinsam ihren Ball in Richtung Tor. Danach bleiben die Kinder zunächst stehen und Sie zählen, wie viele Bälle ins Tor gegangen sind. Erst jetzt dürfen die Schüler ihre Bälle holen.
Bitte achten Sie darauf, dass die Bälle wirklich gerollt und nicht geworfen werden. Dies ist eine Teamaufgabe, denn es sollen möglichst viele Bälle ins Tor rollen.
Es gibt insgesamt fünf Durchgänge. Können die Kinder ihre Toranzahl vom ersten Durchgang im Verlauf der weiteren vier Versuche steigern?
Nach jedem Durchgang dürfen die Kinder eine kurze taktische Besprechung machen, um die Toranzahl zu optimieren.

Tipp für fachfremd unterrichtende Lehrkräfte

Es gibt immer wieder Kinder, die kaum Erfahrungen mit Ballspielen oder die sogar Angst vor dem fliegenden Ball haben. Spielen Sie die Ballspiele auf jeden Fall mit einem Softball, der beim Treffen nicht wehtut. Geradezu ideal haben sich die Softbälle mit der beschichteten Haut im Sportunterricht in der Grundschule bewährt. Falls diese Bälle nicht vorhanden sind, nutzen Sie bitte ganz normale Softbälle.

18. Fußball auch für „Nicht-Fußballer"

Darum geht's Variationsreiches Zonen-Fußballspiel – auch mit einem außergewöhnlichen Ball

Kompetenzerwartung Beim Zonen-Fußballspiel werden technische und erste taktische Fähigkeiten geschult.

Material Parteibänder in 3 Farben, 1 Softball (für die Variation 1 Tipp-Kick-XXL-Ball®), 2 Tore (Handballtore, Kastenoberteile oder Hütchentore), 8 Markierungshütchen

Sicherheitshinweise: *Wählen Sie für die Erst- und Zweitklässler einen weichen Spielball, damit auch die „Nicht-Fußballer" ihre Hemmschwelle leichter überwinden können.*

Einstieg (10 Minuten)

Mit dem **Fangspiel „Bänderfangen"** aktivieren Sie zu Beginn das Herz-Kreislaufsystem Ihrer Schüler. Es gibt zwei Fänger, die in einem durch vier Hütchen markierten Feld die anderen Kinder fangen sollen. Die beiden Fänger tragen ein Parteiband. Wenn sie ein anderes Kind abgeschlagen haben, geben die Fänger ihr Markierungsband an das abgeschlagene Kind weiter. Nach 3 bis 4 Minuten geben Sie den Kindern eine kurze Erholungspause, bevor der zweite Durchgang beginnt. Je nach Spielverlauf und Gruppengröße können auch mehr als zwei Kinder Fänger sein.

Hauptteil (60 Minuten)

Sie teilen die Halle für das **Zonen-Fußballspiel** zunächst in drei gleich große Zonen ein. Sie markieren die Zonen am Rand mit Hütchen (vgl. Skizze, S. 83) und erklären den Schülern, dass sie entweder in die Angriffs-, Mittelfeld- oder Abwehrzone eingeteilt werden. Die Kinder dürfen nur in der zugeordneten Zone bleiben und nicht in einer anderen Zone dem Softball hinterherlaufen. Dies erfordert von den Kindern eine hohe Konzentration und eine gute Orientierungsfähigkeit. Die praktische Umsetzung zeigt, dass die Kinder etwas Zeit brauchen, um sich an die Zoneneinteilung zu halten – nach einer gewissen Übungszeit klappt es dann aber immer besser. Nach der Spielerklärung teilen Sie die Schüler zunächst in drei Mannschaften ein. Jede Mannschaft bekommt ein anderes Bändchen. Nehmen Sie drei unterschiedliche Bandfarben und schon steht der Spielplan fest, z. B.:

- **Grün gegen Blau**
- **Blau gegen Rot**
- **Rot gegen Grün**

Zum Ablauf:

Das erstgenannte Team spielt immer von links nach rechts. Von den drei Abwehrspielern darf einer die Torwartfunktion übernehmen und die Hände benutzen. Als Tor können die Handballtore, zwei Kastenoberteile oder jeweils zwei Markierungshütchen dienen. Ein Spiel dauert jeweils zwischen 8 bis 10 Minuten. Geben Sie den Mannschaften nach einem Spiel ausreichend Zeit zur Erholung und tauschen Sie zwischendurch immer mal wieder die Zonen, damit alle Spieler in jeder Zone gespielt haben. Allerdings hat sich in der praktischen Umsetzung gezeigt, dass es sinnvoll ist, wenn die Gruppen zusammenbleiben und gemeinsam die Zone wechseln – ansonsten wird es unübersichtlich.

18. Fußball auch für „Nicht-Fußballer"

Zur Punktewertung:
Für einen Sieg gibt es 3 Punkte, für ein Unentschieden 1 Punkt und für eine Niederlage 0 Punkte. Das Team mit den meisten Punkten hat das Turnier gewonnen. Gibt es punktgleiche Mannschaften, entscheidet die größere positive Tordifferenz. Wenn Sie es nicht ganz so fußballspezifisch (und vielleicht kompliziert) möchten, dann zählen die Teams einfach ihre geschossenen Tore und die Mannschaft, die in beiden Spielen am meisten Tore erzielt hat, hat gewonnen.

Bei einem Turnier mit drei Mannschaften haben sich folgende Einteilungen bewährt:

Anzahl Schüler insgesamt	Anzahl pro Team	Angriffszone	Mittelfeldzone	Abwehrzone
30	10	3	4	3
27	9	3	3	3
24	8	3	2	3
21	7	2	3	2
18	6	2	2	2

18. Fußball auch für „Nicht-Fußballer"

Wenn Sie weniger als 18 Schüler haben, dann bietet es sich an, mit zwei Teams zu spielen und ein Hin- und Rückspiel durchzuführen. Wenn Sie eine Schülerzahl haben, die nicht durch drei teilbar ist, dann wird mit ein oder zwei Auswechselspielern gespielt, die regelmäßig rotieren.

Variation:
Verwenden Sie z. B. den Tipp-Kick-XXL-Ball® für ein motivierendes Zonen-Fußballspiel. Der Schaumstoffball hat 12 Ecken und mit den Farben Schwarz und Weiß zwei verschiedene Seiten. Sie müssen zunächst festlegen, welches Team schwarz oder weiß ist. Sowohl die grundsätzlichen Spielregeln als auch die Turniereinteilung kann, wie vorgestellt, übernommen werden. Die einzige Spielregelveränderung gibt es beim ruhenden XXL-Ball. Wenn der Ball liegen bleibt, entscheidet die obenliegende Farbe (Schwarz oder Weiß), welches Team weiterspielen darf. Beim rollenden Ball dürfen beide Mannschaften mitspielen.

Abschluss (5 Minuten)

Nach dieser intensiven Belastung im Hauptteil ist ein ruhiger Ausklang der Stunde sinnvoll. Beim **„A-B-C Spiel"** sitzen alle Kinder mit geschlossenen Augen im Kreis. Am besten ist es, wenn Sie mehrere Kreise bilden, die einen ausreichenden Abstand zueinander halten. Sie starten das Spiel und rufen laut: „A". Irgendein Kind ruft dann „B" und ein weiteres Kind den Buchstaben „C". Rufen zwei Kinder zur gleichen Zeit den gleichen Buchstaben, dann ist diese Spielrunde beendet und Sie beginnen wieder mit „A". Ziel dieser Spielidee ist es, ohne einen Buchstaben doppelt zu nennen, im Alphabet so weit wie möglich zu kommen. Es ist nicht erlaubt, der Reihe nach einen Buchstaben zu nennen oder Blickkontakt zu anderen Mitspielern aufzunehmen. Ein Kind darf nie zwei Buchstaben in Folge rufen. Welcher Kreis kommt im A-B-C am weitesten?

Tipp für fachfremd unterrichtende Lehrkräfte

In der praktischen Umsetzung hat sich gezeigt, dass das Zonen-Fußballspiel nach einer Einführungsstunde in der zweiten Klasse gut umgesetzt werden kann.
Die Erstklässler haben ab und zu Schwierigkeiten mit der Orientierung in den Zonen, da sie wegen der hohen Spielmotivation abgelenkt sind.

19. Rund ums Rollbrett

Darum geht's Vielseitiges Rollen mit dem Rollbrett

Kompetenzerwartung Schulung der Gleichgewichts-, Orientierungs- und Reaktionsschnelligkeit sowie Ausbildung der Kraft und Beweglichkeit

Material Aufgabenkarten (S. 88), 1 Springseil, mehrere Rollbretter, Plakat mit Rollbrett-Regeln (S. 88), ca. 20 Markierungshütchen, 2–3 Parteibänder, 6–8 kleine Kästen, 2–3 weiche Wurfbälle

⚠ ***Sicherheitshinweise:*** *Die Sicherheitsregeln zum Umgang mit dem Rollbrett (S. 88) müssen von Ihnen vor dem Einsatz erklärt und von allen Kindern eingehalten werden.*

Einstieg (10 Minuten)

Zu Beginn spielen Sie mit den Kindern das **Spiel „Feuer, Wasser, Sturm und Blitz"**.
Die Kinder laufen durch die Halle. Irgendwann werden Sie laut ein Kommando rufen, auf das die Kinder blitzschnell mit der richtigen Bewegung reagieren müssen.

Die Kommandos für das Spiel heißen:

- Feuer ➾ Alle Kindern rennen in eine Ecke der Sporthalle.
- Wasser ➾ Alle Kinder müssen versuchen, irgendwo hinaufzuklettern, damit sie keinen Bodenkontakt mehr haben.
- Sturm ➾ Alle Kinder müssen sich flach auf den Boden legen.
- Blitz ➾ Alle Kinder müssen sich schnell auf dem Boden zu einer Kugel zusammenrollen.

Das Kind, das als Letztes Ihr Kommando ausführt, muss in der nächsten Runde des Spieles eine Extraaufgabe erfüllen und darf dann bei der übernächsten Runde wieder mitmachen.

Mögliche Extraaufgaben für die Kinder:

- zwei Runden um das Spielfeld laufen,
- eine der Aufgabenkarten (S. 88) ziehen und in einer abgesteckten Zone diese Aufgabe erfüllen.

Damit es dem Kind, das als Letztes das Kommando ausgeführt hat, nicht so schwerfällt, die Extraaufgabe zu erfüllen, können Sie auch immer die letzten zwei Kinder nennen, die dann gemeinsam die Extraaufgabe lösen.

19. Rund ums Rollbrett

Hauptteil (55 Minuten)

Teil 1

Stellen Sie den Kindern das **Fortbewegungsmittel Rollbrett** vor und besprechen Sie die **Sicherheits-** und **Verhaltensregeln** (siehe S. 88).
Zunächst erklären Sie den Kindern die Funktionsweise des Rollbretts.
Die vier Rollen unter dem Brett bewegen sich in alle Richtungen. Das heißt auch, dass man sich um seine eigene Achse drehen und recht enge Kurven fahren kann. Möchte man sich allein auf dem Brett fortbewegen, so müssen die Hände den Boden erreichen können, um das Rollbrett zu beschleunigen und zu bremsen.
Am besten erreicht man dies, wenn man sich mit dem Becken auf das Rollbrett legt, im Schneidersitz auf dem Rollbrett sitzt oder wenn man auf dem Rollbrett kniet.

Alternative: Wenn Sie Bildkarten haben, auf denen diese Regeln eindeutig und schnell für die Kinder ersichtlich sind, können Sie die besprochenen Regeln anhand dieser Bilder visuell unterstützen und die Bildkärtchen dann auch sichtbar an der Hallenwand befestigen, damit die Kinder während der Stunde immer wieder an die Einhaltung erinnert werden.

Teil 2

Um Erfahrungen mit dem Rollbrett zu machen und Sicherheit zu bekommen, sollen die Kinder in dieser Phase **Übungen zu den Grundfähigkeiten Beschleunigen, Fahren, Bremsen, Ausweichen** machen.
Dazu stellen sich die Kinder an einer Linie an der Längsseite der Turnhalle auf. Je nachdem, wie lang diese Seite in Ihrer Halle ist und wie viel Platz Sie haben, stellen Sie fünf bis acht Markierungshütchen entlang der Linie auf. Stellen Sie auf der gegenüberliegenden Längsseite der Halle jedem Hütchen ein weiteres gegenüber auf.
Verteilen Sie nun die Kinder gleichmäßig hinter den Hütchen einer Hallenseite, sodass an jedem Hütchen etwa zwei bis vier Kinder hintereinanderstehen und nacheinander üben können.
Wichtig ist hier auf jeden Fall, dass die Kinder neben sich genügend Platz haben, damit sie sich beim Üben nicht in die Quere kommen.
Die Übungen werden von Ihnen gemeinsam mit einem Kind demonstriert. Weisen Sie dabei immer auf die richtige und sichere Durchführung hin.

19. Rund ums Rollbrett

Führen Sie folgende **Übungen** nacheinander in drei Durchgängen mit den Kindern durch:

1. Die Kinder fahren im Liegen mit dem Rollbrett um das ihnen gegenüberstehende Hütchen und wieder zurück.
2. Die Kinder fahren im Sitzen mit dem Rollbrett um das ihnen gegenüberstehende Hütchen und wieder zurück.
3. Die Kinder sollen auf das ihnen gegenüberstehende Hütchen zufahren, kurz davor abbremsen, das Hütchen umfahren und wieder zurückfahren.
4. Stellen Sie zwischen die Hütchen jeweils zwei weitere Hütchen. Die Kinder sollen um diese neuen Hütchen im Slalom hindurchfahren und zurück den geraden Weg nehmen.
5. Ein Kind sitzt im Schneidersitz auf dem Rollbrett und wird von einem anderen Kind um das Hütchen gezogen. Dabei fassen beide Kinder an den Enden eines Parteibandes an. Das sitzende Kind muss das Parteiband mit beiden Händen fassen, da sich sonst das Rollbrett dreht.
6. Auf das Rollbrett jeder Gruppe wird ein umgedrehter kleiner Kasten gestellt. Eine Kind sitzt im Kasten und wird von einem anderen Kind um das gegenüberstehende Hütchen geschoben. Wichtig bei dieser Übung ist, dass die Hände des Schiebenden während der ganzen Fahrt den Kasten nicht loslassen dürfen und dass das Kind im Kasten während der Fahrt immer sitzen bleiben muss.

Räumen Sie am Ende dieser Übungen gemeinsam mit den Kindern die Materialien auf und versammeln Sie sich im Innenkreis der Turnhalle. Reflektieren Sie in einem gemeinsamen Gespräch die Erfahrungen, die die Kinder in dieser Stunde mit dem Rollbrett gemacht haben, um diese in einer Folgestunde (z. B. Stundenbild 20: Rollbrett im Stationsbetrieb, S.89 ff.) zu berücksichtigen und darauf aufzubauen.

Abschluss (10 Minuten)

Zum Abschluss dieser Stunde spielen Sie mit den Kindern **„Jägerball"**.

Dazu bestimmen Sie je nach Klassengröße zwei bis drei Kinder, die die Jäger sind. Diese Jäger werden mit einem Parteiband markiert und bekommen je einen weichen Ball. Mit diesem Ball laufen die Jäger hinter den anderen Kindern her und versuchen, diese mit dem Ball abzuwerfen. Wurde ein Kind abgeworfen, stellt es sich mit gegrätschten Beinen hin und wartet, bis ein anderes Kind durch die Beine durchgekrochen ist und es somit befreit. Nach 3 bis 5 Minuten beenden Sie das Spiel und bestimmen für einen weiteren Spieldurchgang neue Jäger.

Tipp für fachfremd unterrichtende Lehrkräfte

Um einen unfall- und gefahrenfreien ersten Kontakt der Kinder mit dem Rollbrett zu gewährleisten, ist es wichtig, dass Sie immer den Überblick über die Übenden haben und somit auch bei Nichteinhaltung der Regeln oder in Gefahrensituationen sofort einschreiten können. Deshalb ist es zu Beginn besser, wenn Sie nur so viele Kinder parallel üben lassen, wie Sie gleichzeitig im Blick haben können.

Rund ums Rollbrett

10 Seilsprünge	5 Strecksprünge	5 Liegestütze
3 Sit-ups	10 Hampelmänner	________________

Unsere Rollbrett-Regeln

1. Auf dem Rollbrett darfst du knien oder liegen.
   Stehen verboten!
2. Binde lange Haare zusammen.
3. Setze deine Hände mit Abstand vom Brett und den Rollen auf dem Boden auf. Achte immer auf deine Finger!
4. Fahre umsichtig und langsam.
   Stoße nicht mit Gegenständen oder Personen zusammen.
5. Drehe dein Rollbrett um, wenn du es nicht mehr brauchst.
6. Achte auf deinen Partner, wenn ihr zu zweit fahrt.
   Fahrt nicht zu schnell!

20. Rollbrett im Stationsbetrieb

Darum geht's Stationsbetrieb mit dem Rollbrett

Kompetenzerwartung Schulung der Gleichgewichts-, Orientierungs- und Reaktionsschnelligkeit sowie Ausbildung der Kraft und Beweglichkeit

Material mehrere Rollbretter, mehrere Markierungshütchen (Anzahl hängt von Größe der Sporthalle und geplanten Gruppengrößen ab), verschiedenfarbige Parteibänder, Stationskarten „Rollbrett-Parcours" (S. 91/93), Rollbrett-Regeln (S. 88), 1 Tamburin, 1 Pfeife, 2 große Kästen, 5 Bälle, 3 Gymnastikreifen, 4 Turnmatten, 4 Langbänke und mehrere Teppichfliesen

⚠ ***Sicherheitshinweise:** Sie müssen immer alle Übenden im Blick haben, um in Gefahrenmomenten gleich einschreiten zu können und auf die Einhaltung der Regeln hinzuweisen.*

Einstieg (10 Minuten)

Das **Aufwärmspiel „Autowerkstatt"** stimmt die Kinder auf das Übungsgerät Rollbrett ein und die Kinder können an ihre Erfahrungen mit dem Rollbrett aus der letzten Stunde (19) anknüpfen.
Zu Beginn des Spieles müssen Sie eine Ecke in der Halle mit einigen Markierungshütchen abtrennen. In dieser Zone befindet sich die Autowerkstatt. Danach bestimmen Sie je nach Klassengröße drei bis vier Kinder als Abschlepper und drei bis vier Kinder als Fänger.
Diese werden dann mit jeweils gleichfarbigen Parteibändern kenntlich gemacht. Alle anderen Kinder sind die Autos. Die Abschlepper bekommen je ein Rollbrett und ein Parteiband. Das Parteiband soll zum Ziehen des Kindes auf dem Rollbrett dienen. Die Fänger versuchen, die Autos zu fangen und damit fahruntüchtig zu machen. Wurde ein Kind gefangen, setzt es sich auf den Boden und wartet darauf, dass ein Abschlepper mit dem Rollbrett unter dem Arm und dem Parteiband zu ihm kommt und zur Autowerkstatt bringt. Ist das kaputte Auto in der Werkstatt angekommen, darf es wieder mitspielen.
Der Abschlepper klemmt wieder das Rollbrett unter den Arm und sucht sich ein weiteres auf dem Boden sitzendes Kind, um dieses zur Werkstatt zu fahren.

Hauptteil (55 Minuten)

Teil 1

Zu Beginn der Stunde wiederholen Sie mit den Kindern den Umgang und die **Sicherheitshinweise** zum Üben mit dem Rollbrett (siehe S. 88). Für dieses Gespräch bietet es sich an, dass die Kinder in einem Halbkreis um Sie herumsitzen. Eventuell können Sie auch noch einmal vorhandene Bildkärtchen der Regeln zur Erläuterung verwenden und diese dann gut sichtbar an der Hallenwand aufhängen.

Teil 2

Im Anschluss erklären Sie den Kindern, dass sie nun selbstständig in Kleingruppen nacheinander **Stationen** durchlaufen und dort mit dem Rollbrett üben sollen. Zeigen Sie den Kindern mithilfe der Stationskarten, wie die Stationen aussehen und was sie an den Stationen machen sollen. Lassen Sie die Gruppen die Stationen selbstständig oder mit Ihrer Hilfe aufbauen und versammeln Sie die Kinder danach noch einmal an einem vereinbarten Ort.

20. Rollbrett im Stationsbetrieb

Erklären Sie den Kindern die jeweiligen Aufgabenstellungen an den aufgebauten Stationen.
Sagen Sie den Kindern, dass diese an den Stationen 5 bis 7 Minuten üben können, bis sie ein akustisches Signal (Pfiff, Tamburin, Musik etc.) hören und daraufhin zur Station mit der nächsthöheren Zahl wechseln sollen.
Die bereitgestellten Rollbretter bleiben an der jeweiligen Station und werden vor dem Wechsel mit den Rollen nach oben auf den Boden gelegt. Die Anzahl der Rollbretter an den einzelnen Stationen hängt von der Anzahl der Kinder ab, die gleichzeitig an der Station üben sollen.

Abschluss (10 Minuten)

Zum Schluss spielen Sie mit den Kindern das taktische **Laufspiel „Eckenraten"**.
Dazu stellen Sie vier mit den Nummern 1 bis 4 markierte Hütchen in der richtigen Reihenfolge nacheinander in ein Viereck.
Sie können das halbe Volleyballfeld oder ein größeres Feld wählen, je nachdem, wie weit die Laufwege der Kinder sein sollen. Ein Kind (Kind A) wird bestimmt, das sich so in eine der vier Turnhallenecken stellt, dass es keinen Blick auf die Kinder hat. Die übrigen Kinder suchen sich eine Ecke aus, laufen dorthin und bleiben leise stehen. Haben sich alle Kinder auf die Ecken verteilt, geben Sie Kind A ein zuvor vereinbartes akustisches Signal (zum Beispiel einen Schlag auf das Tamburin). Daraufhin nennt Kind A eine Zahl von 1 bis 4. Alle Kinder, die an der genannten Ecke stehen, scheiden aus und setzen sich an den Spielfeldrand. Die anderen Kinder laufen wieder zu einer Ecke und bleiben dort leise stehen. Kind A nennt wieder eine Ecke. Die Kinder, die an dieser Ecke stehen, scheiden wiederum aus. Zum Schluss bleibt ein Kind übrig, dessen Ecke nie genannt worden ist. Dieses Kind ist der Sieger, der beim nächsten Spieldurchgang die Ratefunktion übernehmen darf.

Tipps für fachfremd unterrichtende Lehrkräfte

- Bilden Sie gleich große Gruppen. Diese bauen zusammen die Stationen auf, durchlaufen gemeinsam den Stationsbetrieb und bauen danach wieder die zuvor aufgebaute Station ab. Den Aufbau und Abbau von der gleichen Gruppe machen zu lassen, hat den Vorteil, dass die Gruppenmitglieder wissen, wo die Geräte und Materialien ihren Platz haben.
- Vor dem Aufbau müssen Sie durch Hütchen (mit entsprechende Stationsnummer), den Ort kenntlich machen, an dem die Gruppe die jeweilige Station aufbauen soll.
- Überlegen Sie sich vor der Stunde, wie viele Rollbretter Sie an den einzelnen Stationen zur Verfügung stellen möchten. Die Anzahl der Rollbretter sollten Sie davon abhängig machen, wie diszipliniert die Klasse übt und ob sich alle an die Regeln halten können. Es ist nicht notwendig, dass immer alle Kinder an einer Station in Bewegung sind, da die Übungen dann aus Platzmangel und Druck eventuell gar nicht exakt ausgeführt werden können. Beim Abwechseln mit dem Rollbrett entstehen auch sinnvolle Erholungspausen, die die Kinder oft auch brauchen.

Kopiervorlage

Rollbrett-Parcours Station 1

Der Tunnel

So geht es:
Fahre vom Start aus durch den Tunnel und wieder zurück zum Hütchen.

Das brauchst du:
2 große Kästen, 1 Turnmatte, 1 Hütchen, 1 Rollbrett

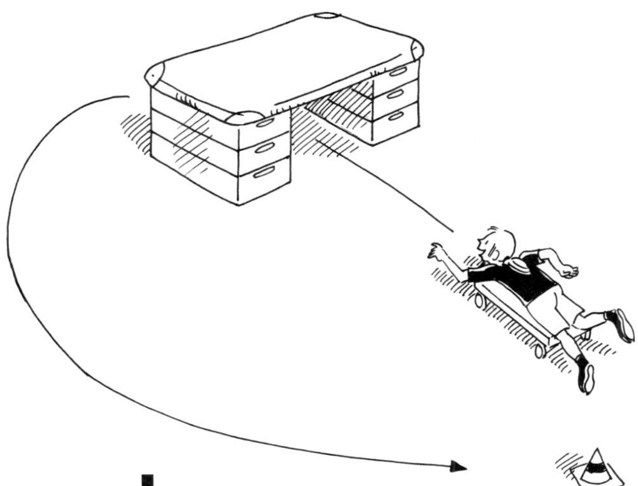

Kopiervorlage

Rollbrett-Parcours Station 2

Balltransport

So geht es:
Setze dich auf das Rollbrett. Nimm einen Ball und bringe ihn zum Reifen. Fahre zurück und hole einen neuen Ball. Liegen alle Bälle im Reifen, bringst du danach alle Bälle wieder einzeln zum Start zurück.

Das brauchst du:
2 Reifen, 2 Hütchen, 1 Rollbrett, 5 Bälle

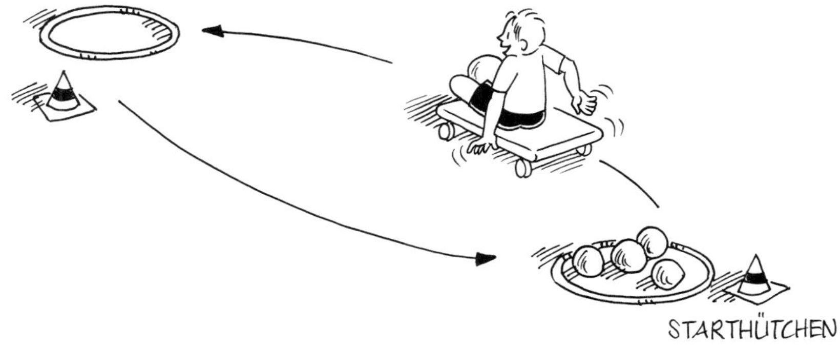

Rollbrett-Parcours Station 3

Reifenschlepper

So geht es:
Übe mit einem Partner.
Setze dich auf das Rollbrett.
Dein Partner zieht dich vorsichtig vom Start-Hütchen um das andere Hütchen herum und wieder zurück.

Das brauchst du:
1 Reifen, 2 Hütchen,
1 Rollbrett

Rollbrett-Parcours Station 4

Slalom

So geht es:
Lege dich auf das Rollbrett und fahre im Slalom um die Hütchen.
Bist du beim letzten Hütchen angekommen, fahre in gerader Strecke zurück zum Start.

Das brauchst du:
6 Hütchen, 1 Rollbrett

Kopiervorlage

Rollbrett-Parcours Station 5

Mega-Tunnel

So geht es:
Lege dich auf dein Rollbrett und fahre vom Start aus unter dem Tunnel durch und wieder zurück zum Starthütchen.

Das brauchst du:
3 Turnmatten, 2 Langbänke, 1 Rollbrett, 1 Hütchen

Kopiervorlage

Rollbrett-Parcours Station 6

Hindernisbahn

So geht es:
Übt zu zweit. Du sitzt auf dem Rollbrett. Dein Partner schiebt dich an den Schultern durch die Hindernisbahn. Fahrt zuerst im Slalom um die Teppichfliesen, dann durch die beiden Langbänke und zum Schluss über die Teppichfliesen. Wechselt euch ab.

Das brauchst du:
7 Teppichfliesen, 2 Langbänke, 1 Hütchen, 1 Rollbrett

Über die Autor*innen

Christian Reinschmidt ist Schulleiter der Südbadischen Sportschule in Steinbach/Baden-Baden. Der Diplom-Sportlehrer ist seit über zwanzig Jahren in der Trainer- und Übungsleiterausbildung tätig. Während seiner langjährigen Trainertätigkeit im Leistungssport sammelte er vielseitige Erfahrungen im Kinder- und Jugendsport. Die kindgerechte, spielerische und freudbetonte Schulung im Sport ist seine Philosophie für eine langfristige Motivation der Heranwachsenden für die Bewegung.

Vicki Reinschmidt hat Lehramt für die Grund- und Hauptschule studiert und ist an der Grundschule in Sinzheim tätig. Seit über zwölf Jahren sammelt sie Erfahrungen im Sportunterricht sowie mit unterschiedlichen Sportprojekten (z. B. Bewegte Schule). Die Trainerin für Kinderleichtathletik hat in ihrer sportpädagogischen Arbeit mit dem Leitgedanken „Fordern und Fördern" sehr gute Erfahrungen sammeln können.

Medientipps

Literatur

Döbler, Erika; Döbler, Hugo:
Kleine Spiele. Das Standardwerk für Ausbildung und Praxis.
Verlag an der Ruhr, 2018.
ISBN 978-3-8346-3694-2

Bierögel, Sybille:
Stationen-Fotokarten für den Sportunterricht – Klasse 1/2.
Aufbauhilfen mit Bewegungsideen,
inkl. DIN-A0-Aufbauposter.
Verlag an der Ruhr, 2016.
ISBN 978-3-8346-3206-7

Neubauer, Friederike:
30 x Sport für 45 Minuten – Klasse 1/2.
Sportstunden fix und fertig vorbereitet.
Verlag an der Ruhr, 2011.
ISBN 978-3-8346-0877-2

Reinschmidt, Christian:
Sport-Highlights für die Grundschule Überraschende Spielideen für attraktive Sportstunden.
Kl. 1–4, Verlag an der Ruhr, 2015.
ISBN 978-3-8346-2750-6

Reinschmidt, Christian; Wagner, Ulrike:
Fitness-Spiele mit Handgeräten 60 Ideen für Kinder und Jugendliche.
8–16 J., Verlag an der Ruhr, 2016.
ISBN 978-3-8346-3229-6

Salzmann, Alexandra; Kuhn, Peter (Hrsg.):
Sport – Didaktik für die Grundschule.
Cornelsen Verlag Scriptor, 2014.
ISBN 978-3-589-16394-6

Thieme, Ina:
55 Lernspiele für Sport in der Grundschule.
Für nachhaltiges und kompetenzorientiertes Lernen.
Cornelsen Verlag Scriptor, 2015.
ISBN 978-3-589-16315-1

Internet

www.bildungsserver.de/Sportunterricht-in-der-Grundschule-2603.html
Vielfältige Ideen für den Sportunterricht in der Grundschule. Von Spielideen für das Aufwärmen über kleine Spiele bis zur Gesundheitsförderung in der Grundschule. Zusätzlich werden innovative Sportprojekte vorgestellt.

www.sportpaedagogik-online.de
Viele Praxisbeispiele und Unterrichtsmaterialien sowie unzählige Beiträge zum Sportunterricht in der Schule.